青弓社ライブラリー 95

# 占いをまとう少女たち

## 雑誌「**マイバースデイ**」とスピリチュアリティ

橋迫瑞穂

青弓社

# 占いをまとう少女たち

雑誌「マイバースデイ」とスピリチュアリティ

目次

序章　雑誌「マイバースデイ」とその時代　11

1　「宗教ブーム」のなかの「占い／おまじない」　16
2　変化する「占い／おまじない」　20
3　雑誌とジェンダー　23

第1章　現代社会での宗教の位置とその変遷
——ピーター・L・バーガーの議論を手がかりに　32

1　宗教の「世俗化」とは何か　36
2　近代化での社会の変容と「世俗化」　38

3 宗教の「市場」化と消費者の出現 41
4 宗教が若者に見直されるとき 45
5 近現代での宗教の再発見 47

## 第2章 「マイバースデイ」の「占い／おまじない」 56

1 雑誌としての「マイバースデイ」 59
2 「マイバースデイ」の「占い／おまじない」 61
3 「魔女っこ」の登場 63
4 努力としての「おまじない」 67
5 読者と「マイバースデイ」 70
6 「マイバースデイ」の世界観 74

第3章　「マイバースデイ」における「手作り」と少女　79

1　「ライフスタイル」と「手作り」　82
2　「マイバースデイ」の「おまじない」グッズ　85
3　エミール・シェラザードによる「おまじない」　89
4　イベントでの手作りと「おまじない」グッズ　92
5　「マイバースデイ」での手作りとその意味　97

第4章　一九九〇年代「マイバースデイ」の「占い／おまじない」　104

1 一九九〇年代「マイバースデイ」に見られるライフスタイルの記事 107
2 一九九〇年代「マイバースデイ」の「占い／おまじない」 109
3 「心理テスト」と「ランキング」 110
4 「占い／おまじない」の広がりと拡散 116
5 「占い／おまじない」から精神世界へ 118
6 一九九〇年代「マイバースデイ」の「占い／おまじない」の変化とその役割 121

第5章 〈知識〉としての「占い／おまじない」の共有と少女
——読者投稿欄「ハローバースデイ」の分析から 126

1 「ハローバースデイ」の概要 129
2 「KH Coder」を用いた「ハローバースデイ」の分析 131
3 一九八〇年代「ハローバースデイ」と「占い」の投稿 135
4 「おまじない」の創作と共有 137

5　一九九〇年代の「ハローバースデイ」　140
6　一九九〇年代の「ハローバースデイ」の「占い／おまじない」関連の投稿の特徴　143
7　〈知識〉としての「占い／おまじない」と少女たちの「天蓋」　147

第6章　女性と「占い／おまじない」——鏡リュウジと女性誌を事例として　153

1　活動状況と概要　157
2　女性誌の「占い／おまじない」　159
3　学ぶものとしての占い　161
4　「おまじない」と「魔女」のイメージ　164
5　鏡の「占い／おまじない」に対する価値観とその背景　166
6　女性誌の「占い／おまじない」の変遷とその内容　169

終章 「占い／おまじない」と少女がつむぐ「世界」、そのゆくえ 176

1 「宗教の市場化」と「占い／おまじない」 180
2 「ＤＩＹ的宇宙」としての「占い／おまじない」 184
3 「占い／おまじない」に見いだされる個人の意識と社会的背景 188
4 「占い／おまじない」とオウム真理教 193
5 現代日本社会のスピリチュアリティの今後――「おわりに」に代えて 197

初出一覧 202

あとがき 203

カバー写真——「マイバースデイ」創刊号（実業之日本社、一九七九年）の表紙
装丁——Malpu Design［清水良洋］

# 序章　雑誌「マイバースデイ」とその時代

## はじめに

一九八〇年代、筆者が小学生だったころ、同級生の女の子たちの間で「占い」や「おまじない」が流行していた。占いは、雑誌の巻末などに載っている星占いの記事を回し読みしたり、ほかにも電卓やトランプを使って好きな相手との相性を確かめたりといったものだった。こうした占い以上にみんなが熱心にやっていたのが「おまじない」である。好きな人の名前をシャープペンシルでびっしり書き込むとか、消しゴムやリップクリームに相手の名前を彫り込むなどの「おまじない」が誰からともなく広まり、熱中する同級生が少なくなかった。

さらに、文房具店やおもちゃ屋で、「おまじない」グッズのキットやお守りとして使う小物などをごく普通に売っていたことも覚えている。それらのグッズは、当時はやった「かわいい」イラストを施したり、ピンクや青などのかわいい色で彩ったりしていた。

このように、「占い」と「おまじない」は分かち難く結び付いたセットとして少女たちの間に広まっていた。そこで本書でも、基本的には「占い／おまじない」というようにセットでとらえることにしよう。

「占い／おまじない」が少女たちの間に広まったのは、たまたま誰かが持ち込んだからではない。当時、同年代の少女たちがもてはやしていたマンガや雑誌で、占いや「おまじない」はよく取り上げられていた。さらに、人気の小説やマンガのなかでも、「占い／おまじない」はしばしば登場していた。「占い／おまじない」の流行は、メディアによって広まっていたのである。一九八〇年代に筆者の周辺で展開していた「占い／おまじない」の風景は、決して特別なものではなく、当時、全国的に広まっていたブームに連なるものだったと考えられる。

しかし、いまになって振り返ってみると、教室を舞台に「占い／おまじない」が展開され、少なからぬ少女たちがそれに熱中したのは奇妙な現象だったのではないか、と思われてならない。

そもそも占いとは、身の回りの出来事や自然現象を、近い未来に起こることの兆しや前触れととらえたり、これから起こることを予測するために超越的・神秘的な存在と交信しようとしたりする呪術的な行為である。また、「おまじない」はその超越的・神秘的な存在によって願いをかなえようとする、同じく呪術的な行為である。もともと伝統的な呪術では、定められた道具を用い、決められた手順に沿っておこなうものだった。

一九八〇年代に少女たちの間で流行した「占い／おまじない」は、呪術的な行為でありながら伝統的なそれとは大きく異なり、「かわいい」ものと結び付くことで日常に組み込まれてきた。言い換えれば、少女たちは教室というありふれた空間で、超越的な存在と身近な日常とを取り結ぶ儀式を、「占い／おまじない」によって軽やかに執りおこなっていたと言えるだろう。

そして、まさしくそうした一九八〇年代に、少女として筆者は身を置いていた。しかし、筆者自身について言えば、実のところ「占い／おまじない」に直接関わった経験はほとんどない。小学校に入学して以来、転校することが多かったため、流行に乗る機会をすっかり逸してしまった。また、学校で友達ができても、たまたまその友人たちは「占い／おまじない」に関心が薄かったこともある。そんな筆者が、「占い／おまじない」にふれた経験として記憶しているのは、玩具メーカーが発売した、恋を成就する「おまじない」を制作するキットを友達からプレゼントされたことである。リボンと金糸が入ったそのキットを、当時、恋愛にとりたてて興味がなかった筆者は持て余してしまい、何となく家族の名前を書いて机にぶら下げておいた。引っ越しの準備の最中に、迷った末にそれを処分したことを覚えている。

とはいえ、筆者は「占い／おまじない」に関心がなかったわけではない。それどころか、機会があれば挑戦してみたいともくろんでいた。

もっとも、「占い／おまじない」を実行する同級生を横目でうかがっているうちに、彼女たちは、筆者のように「占い／おまじない」の仕組みに好奇心を突き動かされているのではなく、恋愛の成就などを目的としていることがおぼろげながらわかってきた。そして、クラスメイトが実行する「占い／おまじない」からは、教室内の微妙な人間関係が透けて見えることにも気づくようになった。例えば、一九九〇年代にJリーグ開幕をきっかけにはやった細い紐で作るお守り「ミサンガ」は、それをつけるグループとつけていないグループとにクラスの女の子を分けていた。しかしその後、九五年にオウム真理教による地下鉄サリン事件が起こり、何となくの空気として、宗教や宗教的なものに対する忌避感が生まれた。同時に、世代もあったのか、筆者の周辺でも「占い／おまじない」を見ることはなくなったのである。

だが、二〇〇〇年代に入って、再び「占い／おまじない」と接点をもつようになった。そのきっかけは、大学院で調べていた「スピリチュアル・ブーム」のなかで、「占い／おまじない」も人気を集めていたからである。「スピリチュアル・ブーム」とは、「スピリチュアル・カウンセラー」を名乗る江原啓之の登場をきっかけに、パワースポット、オーラ、ヨガ、「前世」などが人気を集めるようになったブームである。今日では「スピリチュアル・ブーム」はブームとしては落ち着き、一部は市場という形で定着の兆しを見せている。その一つが、「占い／おまじない」と言えるだろう。ただし、「スピリチュアル・ブーム」での「占い／おまじない」の人気は、少女ではなく成人した女性が中心という特徴がある。

こうしてみると、「占い／おまじない」は、一九八〇年代から少女や女性たちにとって重要な意味を帯びながら、社会に共有されてきたと考えられる。それは、オウム真理教の事件をきっかけに宗教に対する忌避感が広がったなかで、形を変えながら続いてきたのである。

なぜ、「占い／おまじない」は多くの少女たちを引き付けたのだろうか。それは、「占い／おまじない」のどのような性格や内容によるものだったのだろうか。そして、「占い／おまじない」が広まったのは、どのような社会的背景があったのだろうか。

本書は、一九八〇年代以降の日本社会のなかでも、少女を中心に広まった「占い／おまじない」の内容と変化に焦点を当てて、社会的背景を見据えながら検討することを目的としている。

本書でこのような問題を取り上げるのは、単に個人的関心からだけではない。筆者が抱いた疑問を解明することは、一九八〇年代以降の日本社会で展開された「呪術＝宗教的大衆文化」の興隆の意味とその社会的背景を明らかにすることに通じると考えられるからである。何より、「占い／おまじない」の主たる担い手が少女や女性だったことに注目することは、現代の宗教についての宗教学や宗教社会学からの見解に、ジェンダーの観点から新たな知見を加えるものになるだろう。

この目的のために、少女向けの占い専門雑誌「マイバースデイ」[1]を中心に、雑誌における「占い／おまじない」を取り上げて検討する。雑誌に注目するのは、それが「占い／おまじない」を普及させるうえで大きな役割を果たしたメディアだったからである。

前述したように、「占い／おまじない」は一時期、少女たちを中心にかなりの広がりを見せていたが、これまで明らかにされていなかったのは、その全体像をとらえることが容易ではなかったためである。雑誌に注目することはそうした全体像を明らかにすることを可能にし、「占い／おまじない」がどのように広まり、どのように変化していったのかをとらえる重要な手がかりになると考えられる。それだけでなく、一九八〇年代から現在にかけて「占い／おまじない」が広まり受容されてきた社会のあり方そのものを明らかにすると考えられる。

だが、雑誌に注目するのはそれだけが理由ではない。そこで、これまで「占い／おまじない」がどのように論じられてきたのかを整理しながら、本書がなぜ、そしてどのように「占い／おまじない」を論じていくのか、その課題を明らかに示しておきたい。

## 1 「宗教ブーム」のなかの「占い／おまじない」

一九八〇年代に少女たちの間で広まった「占い／おまじない」ブームは、それだけが単独で社会に現れたものではない。宗教学者の島薗進は、七〇年代以来の「宗教ブーム」が三つの要素で構成されていたと述べている。[2]

一つ目は、「新新宗教」の台頭と発展である。「新新宗教」とは、一九七〇年代を中心に顕著な動きを見せるようになったエホバの証人、真如苑、そしてオウム真理教などで、十九世紀末以降に成立して発展した天理教や大本教、創価学会といった新宗教とはやや性格が異なっている。新宗教が「貧病争」の解決を目指すものだったのとは異なり、「新新宗教」は「空しさ」を埋める目的だったことが特徴として挙げられる。また、教団といっても、外部を拒絶するものから、そのつど人を集めて行動するものまで、多様な形態がある。

二つ目は、「新霊性運動・文化」の広がりである。島薗によると、「新霊性運動・文化」とは「自己自身の意識や心身をもっと自由にして本来の自分を回復し、霊的精神的に高次なものを養」[3]おうとする動向のことである。「新霊性運動・文化」は組織としての教団を形成するものではないが、比較的まとまった世界観をもとに、個人を基礎としたゆるやかな集団を形成している。例えば、東西の神秘思想や気功、瞑想、占星術などの書籍がさまざまに出版されていることからうかがわれる。また、書店がそれらを一括して扱う「精神世界」コーナーを設けたりするのは、その一つの徴表である。

そして三つ目が、「呪術＝宗教的大衆文化」である。一九七〇年代以来、映画やマンガ、ゲームといった大衆文化では、呪術＝宗教的なテーマが人気を集めてきた。ＵＦＯや超常現象といった、いわゆる「オカルト」を専門とする雑誌「ムー」(4)の創刊も、このなかに含まれる。そしてここに、少女向けの占い雑誌「マイバースデイ」が刊行されたことも、島薗によって挙げられているのである。ただし、「呪術＝宗教的大衆文化」はその性格上、「新霊性運動・文化」との境界が明確ではない。

また、「宗教ブーム」は若者が主な担い手だったことから、若者文化との接点が注目されてきた。例えば島薗は、「宗教ブーム」が社会に現れた背景として、高度経済成長期を経て、人々がもはや物質的な豊かさではなく、心や内面といったもののありように関心をもつようになったことに注目する。(5)そして、学生運動が下火になったこの時期、目指すべき方向を失った若者たちが、新たに登場した宗教や宗教的なものの動向に新しい価値観や目的を見いだそうとしたことも影響しているのではないか、と推測している。ただし、「呪術＝宗教的大衆文化」にコミットしている人々が、どの程度、真面目に取り組んでいたのかは定かではないとも付け加えている。(6)

他方、西山茂は、こうした動向を神秘・呪術ブームと呼び、それに関わる若者をより踏み込んで検討している。[7] 神秘・呪術ブームは、敗戦後の近代化のなかで、一九七〇年代から「非合理の復権」として生まれたものである。これはまた、当時の新しい宗教の動向にも影響を与え、「神霊・人間霊・動物霊とその構成要素・作用を操作し、それらの実在を「証明」したり、病気直しなどの除災招福をはかったりする反復的な霊術」[8]を主たるものとする〈霊＝術〉系新宗教の出現にも影響を与えたと述べている。そして西山は、こうした動向が出現した背景には、「豊かさ」を持て余し、自分で人生を生きている感覚をもちたいと願う若者たちが、日常に「意味の呼び込み」を求めた結果だと指摘している。[9]

他方、社会学の見地からは「呪術＝宗教的大衆文化」のなかでも、特に若者文化としての占いが注目されてきた。藤村正之は一九八〇年代の若者文化を、「聖」と「俗」、そしてその間にある「遊」という概念に基づいて分析している。藤村によれば、「遊」は脱所属と脱自我の両方の側面をもっていて、それぞれが「聖」や「俗」につながっている。そのため、「遊」びを事由として「聖」と「俗」を検討すれば、若者文化の特徴を明らかにすることができるとしている。そのうえで、八〇年代の若者が占いに高い関心を向けている理由を、「本人の努力の範囲外の生得的属性という運」[10]に依拠することで、「自分の運が花開く」ことを期待できると考えたからだと述べている。

また、芳賀学と弓山達也は、占いを「予兆（きざし）となる現象をもとに、想定される何らかの因果関係に基づいて、結果となる現象を導き出す方法」[11]と規定し、一九八〇年代の「占い／おまじない」の流行を象徴する少女向けの占い雑誌として、「マイバースデイ」に注目している。芳賀と弓山によると、「マイバースデイ」が主として取り上げる西洋占星術が若者から支持を得たのは、占いが生得的属性との因果関係によって自分自身を解釈するだけでなく、互いが深入りしないことを前提とする現代社会で、複雑な人間関係を解釈し「重い」関わりをもつことなく対処するためだとしている。その役割を担う占いを、彼らは「認識のための地図」と表現する。[12]

このように、「占い／おまじない」を含む「呪術＝宗教的大衆文化」は、メディアを媒介にした一過性の流行としての性格が強調されてきた。さらに、それは若者文化と結び付けて論じられてきた。若者が「呪術＝宗教的大衆文化」を支持する理由として、物質的に豊かになった社会で若者が新たな価値を求めた結果を挙げている。他方で、宗教学の見地からは、「呪術＝宗教的文化」が若者が既存の社会への不満を示し、社会から脱するためのものととらえられているのに対して、社会学の見地からはあくまで現実の社会をうまく生き抜くためのものとして位置づけられているのである。

しかし、これまでの議論では、「呪術＝宗教的大衆文化」のなかでも「占い／おまじない」は少女を中心とするものであったにもかかわらず、ジェンダーの観点からの議論が十分になされてきたとは言い難い。さらに、「占い／おまじない」が伝統的な呪術と異なる目的をもつという差異が強調される傾向にあった。だが、そもそも「占い／おまじない」という行為は、災害や病気といった災厄を察知するとともに、それに向き合って対処する技術としての役割を担うものである。したがって、現代の「占い／おまじない」でも、若者ら、特に少女や女性にとっての何らかの災厄や災害に等しい、生きていくうえでの不安に対処するためのものだったとは考えられないだろうか。それは、「占い／おまじない」が特に学校空間のなかで育まれたことと密接に関係していると考えられる。[13]

ここで、先行研究をふまえて、あらためて本書での主題について記しておきたい。本書では、「占い／おまじない」の具体的な内容に踏み込みながら、それが少女や女性たちにとってどのような役割を担うものだったのかを検討する。そのうえで、その主役が少女や女性であることの意味と、彼女たちが「占い／おまじない」によってどのように現実に向き合おうとしたのかを明らかにしたい。これが、本書の最も大きな目的である。

この目的のために、一九八〇年代からの「占い／おまじない」ブームを代表する雑誌「マイバースデイ」にあらためて注目して、その内容を精査していく。そして、「占い／おまじない」と少女たちの関係性に注目し、その役割について検討する。

ただし、本書は一九八〇年代の「占い／おまじない」に限定するのではなく、それ以降の変遷についても検討していきたい。その理由は、オウム真理教という現代社会と宗教の接点を検討するのに避けて通れない存在が、「占い／おまじない」とも関係しているからである。

## 2　変化する「占い／おまじない」

一九九〇年代に入ると、「宗教ブーム」はそれまでの勢いを失っていった。大きなきっかけとなったのは、九五年にオウム真理教が起こした地下鉄サリン事件である。事件直後からその実行犯と目されたオウム真理教に注目が集まり、マスコミを舞台に一大センセーションが巻き起こった。連日のようにニュースやワイドショーに教団の幹部たちが登場したり、教祖・麻原彰晃の演説の様子や信者たちが独自の修行に没頭して陶酔しているさまがテレビに映し出されたりした。そして、宗教には人を殺すほどの暴力が内包されていることがあらわになり、社会に大きな衝撃を与えたのである。

その結果、宗教そのものに対する人々の視線が厳しくなった。宗教や宗教的なものに対して距離を置く「宗教離れ」ともいうべき状況が現れ、「宗教ブーム」全体が勢いを失っていった。こうしたなかで、宗教や宗教的なものがメディアからも姿を消した。それまで発行されていた「オカルト」や「占い／おまじない」雑誌も休刊や廃刊を迎えるなど、「呪術＝宗教的大衆文化」は大きく停滞したのである。

しかし、二〇〇〇年代に入ると、「スピリチュアル・ブーム」と呼ばれる現象が注目を集めるようになり、市場をも形成するに至った[14]。この「スピリチュアル・ブーム」の隆盛のなかで「占い／おまじない」も再び注目されるようになり、雑誌も再び重要な役割を担うようになった。ただし、同じく雑誌が重要な媒体になったとはいえ、二〇〇〇年代の「スピリチュアル・ブーム」のときには占い専門誌ではなく成人女性向けの一般的なファッション誌が中心だった点で、一九八〇年代・九〇年代とは異なっている。だが、その内容を見てみると、八〇年代の「占い／おまじない」ブームと共通した特徴も見いだされる。このことから、「占い／おまじない」は、女性たちの日常に連綿と共有され続けてきたと考えられるのである。

他方で、こうした経緯のなかで、「占い／おまじない」は、宗教学や宗教社会学の領域で、以前のように積極的に論じられることが少なくなった。取り上げる場合でも、同じ「宗教ブーム」を共有しながらも、社会で異なる現れ方をしたオウム真理教と比較しながら言及されるにとどまるようになったのである。そのため、一九九〇年代以降には、「占い／おまじない」がどのような内容のもので社会にどのように受容されてきたのかは、ほとんど論じられることがなかった。

そこで、本書では、一九八〇年代から九〇年代にかけて「占い／おまじない」がどのように変化し、社会のなかでどのような位置を占めるようになったのかを考察する。そのうえで、二〇〇〇年代に入って広まった「スピリチュアル市場」のなかで、どのような「占い／おまじない」が示されてきたのか、それは一体どのような役割を帯びていたのかについて論じていく。そのうえで、それぞれの時代の「占い／おまじない」のありようを比較して、特徴を明らかにする。これが、本書の一つ目の課題である。

そして、雑誌を取り上げるなかで、「占い／おまじない」の主役が少女や女性であることにあらためて注目したい。「占い／おまじない」に見られるジェンダーについて検討を深めることで、より主題を明らかにできると考える。これが、二つ目の課題である。

そして、いわば時間軸に沿って問題をとらえることだとすれば、同時代に「占い／おまじない」はほかの動向とどのような関係にあったかについても考察する必要があるだろう。特に、「占い／おまじない」ブームが減速したきっかけとなったオウム真理教について取り上げたい。オウム真理教と「占い／おまじない」の比較を通して、同じ「宗教ブーム」を共有していたにもかかわらず、

「占い／おまじない」が暴力を発動させる兆候を見せなかったことは、ひるがえってオウム真理教がなぜ暴力を発動させたのかを明らかにすることに寄与できると考えるからである。そしてこの比較によって、「占い／おまじない」が果たしてきた役割をより明らかにできると考えられる。これが、本書の三つ目の課題である。

## 3　雑誌とジェンダー

整理してきたように、「占い／おまじない」の広まりはメディアを媒介にして広まってきた。なかでも雑誌は比較的安定した媒体として、有力な手がかりを与えるものとして検討の対象とされてきた。[15] 例えば、芳賀学は「占い／おまじない」雑誌を取り上げ、「ミーイズム」と「自分探し」の観点から論じている。また、雑誌「マイバースデイ」が「占い／おまじない」の広がりを象徴する雑誌としてたびたびその名前が言及されてきたのは、すでにふれたとおりである。[16]

しかしながら、これまで宗教学や宗教社会学の領域では、「マイバースデイ」が正面から取り上げられたことはほとんどない。むしろ「マイバースデイ」の内容が注目されるのは、消費社会における少女のありようが検討される場合であった。例えば、森下みさ子が、「マイバースデイ」が取り上げる「占い／おまじない」が自分の未来を見通したり、恋愛のゆくえを占ったりするためのものというよりは、「わたし」を語るためのよりどころとして少女たちに受け入れられてきたと論じているのは、その一例である。[17]この森下の議論は、戦時下から発行されてきた少女雑誌を対象に、「少女」という存在のイメージがどのようにして雑誌のなかで確立されてきたのかを論じる「少女雑誌論」として展開されている。

このように、「マイバースデイ」に見られる「占い／おまじない」を論じる場合は、消費財としての側面が強調されてきた。そのうえで、少女のイメージはどのように確立したのかが検討されてきたのである。本書もまた、雑誌を取り上げることを通して、そこで示される少女のイメージにも注目していきたい。しかし、あくまで「占い／おまじない」そのものに重点を置いて分析することが主題である。つまり、消費財とは異なる性格にも注目したい。

ただし、雑誌を取り上げるのは、それが「占い／おまじない」の広まりで主軸をなしているからだけではない。すでに述べたように、雑誌を取り上げることは、その時代における少女のありようを明らかにするだけでなく、彼女たちの社会的背景をも明らかにすることができるからである。この点をふまえ、雑誌を取り上げることの意義について確認しておきたい。

近年、雑誌を取り上げた研究が多く見られるが、それは、カルチュラル・スタディーズの影響によるものと考えられる。吉見俊哉によると、カルチュラル・スタディーズとは、民衆の娯楽研究から出発して、労働者の文化的世界を内在的に理解し検討しようとする試みから発達した、文化研究の一つのあり方である。その背景には、映画や大衆雑誌、広告、都市の消費空間などの大衆的で消費主義的な文化が第一次世界大戦後に広まったことが挙げられる。吉見は近年のカルチュラル・スタディーズが抵抗文化の国民国家批判と結び付き、「被抑圧者」に注目していることを指摘したうえで、以下のように述べている。

だが、たとえば最後の「被抑圧者」との関係にしても、カルチュラル・スタディーズが「被抑圧者」の主体性を本質主義的に固定化することを批判してきたことは、すでに何度も論じられてきたところである。一方で日常のさりげない、分断的な文化実践のなかの政治と、他方で「抵抗」や「運動」の形態をとる政治の発現は、あくまで連続的なものとして把握されなくてはならないのだ。日常実践のなかで差異とアイデンティティが構成され、実定性をおびていく政治の場が無数に重なり合っている。（略）システムの外部に立つことを特権化するのではなく、むしろそうしたシステム自体の重層性のなかに亀裂や矛盾、闘争と折衝のフィールドを見出したい。(18)

このように、文化が日常のなかで「実定性をおびていく政治の場」であることに注目し、文化がそうしたシステムの重層性に見いだされるフィールドとして設定するのが、カルチュラル・スタディーズの特色である。(19)

雑誌研究のなかでも、少女雑誌または女性誌でのジェンダーの析出を試みる手法のものが多く見られるのは、カルチュラル・スタディーズの考えを枠組みとしているからだと推測される。そして、雑誌を対象として、ジェンダーのありようや、なかでも少女像がどのように形成されたのかについて議論されてきた。

今田絵里香は明治以降の「少女」について、少女雑誌の「少女」という表象を探ることが、当時の都市新中間層に当てはめられたジェンダー・アイデンティティを明らかにすることに寄与していると述べている。その理由として今田は、当時は少女が直接的に接することができるメディアが少女雑誌に限られていたこと、それが学校の修身教科書と異なる少女像を形成した媒体だったことを指摘している。[20]

女性雑誌は、ジェンダーを再生産し大衆化する装置として、これまでも注目されてきた。井上輝子は、一九七〇年代以来の女性雑誌の活況に注目して、一見新しい性役割をもたらした女性雑誌が表面的な流動性を示すものでしかなかったことを指摘したうえで、さらに若さと美しさを女性の性役割に付け加えたことを指摘している。また、同時期に独自の展開を示した少女雑誌にも注目し、消費や性のなかに少女らしさを位置づけて物語る媒体として発達してきたことを論じている。[21]

雑誌はジェンダーの表象を生み出し、さらにはそれを再生産することで、ジェンダーの枠組みを形成する場としての役割を担っていた。他方で雑誌「マイバースデイ」もこうした観点の延長で取り上げられるにとどまり、森下の議論もそうしたジェンダーの再生産の枠組みを重視している。

本書も、少女向けの雑誌や女性雑誌を取り上げるにあたって、そこにどのような少女や女性が立ち現れているのかに注目する。雑誌を取り上げるねらいとして、一九八〇年度以降にジェンダーがなぜ「占い／おまじない」と密接に関係するようになったのか、その理由を探るうえでも重要な手がかりだと考えられるからである。ただし、すでに述べたように、雑誌をジェンダーを再生産する媒体としてだけとらえるのではなく、「占い／おまじない」との関係で「少女らしさ」や「女性らしさ」がどのように立ち上げられているのかを、より綿密に検討することに本書の目的があることを強調しておきたい。

他方で、雑誌の「占い／おまじない」を検討することは、まったく新しい宗教的な事象を取り上げることではない。むしろ、「占い／おまじない」は、これまでの宗教や宗教的なものの動向に連なるものである。さらに雑誌が媒介することは、近代における宗教的なもののありようとして、むしろ自明的な動向だと言えるのである。

その点を確認するために、具体的な資料の検討に入る前に、次章では宗教を社会学の見地から検討してきたピーター・L・バーガーの議論を取り上げる。

バーガーは、個人の意識と宗教とが接近する過程を論じてきた。この議論を参照することで、雑誌の「占い／おまじない」を検討するのが広く近代における宗教という枠組みのなかでどう位置づけられるのかを明らかにできると考えている。

## おわりに——本書の目的と課題

以上に述べてきたことをふまえて、本書の目的を整理しておこう。

本書は、一九八〇年代から現在に至るまで「占い／おまじない」が多くの少女や成人女性たちから支持を集めたのは、「占い／おまじない」が少女たちに何を示したからなのか、どのような役割を担っていたからなのかを明らかにする。そのうえで、「占い／おまじない」が広まった社会的背景をふまえながら検討することが本書の主題である。

その目的のために、以下三つの課題を設定した。前述したが、再度示しておく。

一つ目の課題は、一九八〇年代から現在に至るまでの「占い／おまじない」の変遷を、八〇年代、九〇年代、二〇〇〇年代のそれぞれに区切って検討することである。そのうえで、それぞれの時代での「占い／おまじない」が示した役割と、そこから見える少女や成人女性たちについて比較し、考察する。

二つ目の課題は、一つ目の課題をふまえたうえで、少女や女性がどのような意識をもって「占い／おまじない」を選択したのかということを、その時代的・社会的背景に注目しながら明らかにする。その際に、こうした「占い／おまじない」が「少女らしさ」や「女性らしさ」とどのように結び付いてきたのかにも注目してジェンダーとの関係を検討する。

三つ目の課題は、一九九〇年代に地下鉄サリン事件を起こしたオウム真理教と「宗教ブーム」という地盤を共有していたにもかかわらず、なぜ「占い／おまじない」が暴力を噴出させることはなかったのかを検討することである。

これらの課題に取り組むために、前述のように本書では雑誌に注目していく。その理由として、その全体像が見えにくい「占い／おまじない」について検討するのに、適切な対象だと考えられるからである。また、ジェンダーのありようを考察するにも適していると思われる。だがそれ以上に、本書が雑誌を取り上げる理由として、現代社会の宗教や宗教的なものを論じるために雑誌こそが取り上げられるべき対象と考えるからである。

注

(1)「マイバースデイ」一九七九年四月号―二〇〇六年十二月号、実業之日本社
(2) 島薗進『ポストモダンの新宗教――現代日本の精神状況の底流』東京堂出版、二〇〇一年
(3) 同書一七八ページ
(4)「ムー」一九七九年十一月号―、学習研究社―学研プラス
(5) 他方で、「占い」ブーム」そのものに注目する鈴木正崇は、一九八〇年代に流行した占いを、第二次占いブームに属すると説明する。第一次占いブームとは、九星気学、透視術、高島易占などが流行した明治期から昭和初期を指す。それに対して、第二次占いブームは七〇年代以降に発展したものであり、商業的な側面が強いことが指摘されている。詳しくは、鈴木正崇「占いの世相史」(新谷尚紀／岩本通弥編『都市の生活リズム』〔「都市の暮らしの民俗学」第三巻〕所収、吉川弘文館、二〇〇六年)を参照されたい。もっとも、占いブームの変化については多様な議論があり、後掲の国会図書館ウェブサイトの記事は八〇年代の占いブームを第三次占いブームとしている。
(6) 詳しくは、前掲『ポストモダンの新宗教』を参照。
(7) 西山茂「現代の宗教運動――〈霊＝術〉系新宗教の流行と『2つの近代化』」、大村英昭／西山茂編『現代人の宗教』(有斐閣Sシリーズ) 所収、有斐閣、一九八八年
(8) 同論文一七一ページ

(9) 同論文二〇六―二〇七ページ

(10) 藤村正之「青年文化の価値空間の位相――聖・俗・遊その後」、高橋勇悦／藤村正之編『青年文化の聖・俗・遊――生きられる意味空間の変容』(シリーズ青少年) 所収、恒星社厚生閣、一九九〇年

(11) 芳賀学／弓山達也『祈るふれあう感じる――自分探しのオデッセー』アイピーシー、一九九四年、二一六ページ

(12) さらに、弓山と芳賀は続く議論で占いなどを「教団という外観をもたないものの、宗教とほぼ同様の役割を果たしている現象」とし、若者のなかで宗教とそれ以外の文化との境界があいまいになっていることを指摘している。同書二二四―二二五ページを参照。

(13) 有元裕美子『スピリチュアル市場の研究――データで読む急拡大マーケットの真実』東洋経済新報社、二〇一一年。有元は占いにも注目し、二十代から四十代の幅広い世代の女性たちがウェブサイトや書籍を通じた占いのライトユーザーになっていることを指摘している。

(14) 少女と「占い／おまじない」についての先行研究は、ほかにも東京都二十三区民調査をもとにした竹内郁郎／宇都宮京子編著『呪術意識と現代社会――東京都二十三区民調査の社会学的分析』(青弓社、二〇一〇年) のような統計的研究を挙げることができる。この調査では、若者、特に女性と占いとの親和性が指摘されている。

(15) 占いについての著作に注目した研究としては、「占い本」が生まれた明治期に注目して論じている鈴木健太郎「占い本と近代――商品化された知の権威をめぐって」(島薗進／石井研士編『消費される〈宗教〉』所収、春秋社、一九九六年) や、「六星占術」を専門とする細木数子の著作に注目し、占いから宗教に接続する過程について論じた種田博之「占いの宗教への変容――細木数子の「占い本」を事例として」(関西学院大学社会学部研究会編「関西学院大学社会学部紀要」第八十四号、関西学

院大学社会学部研究会、二〇〇〇年）が挙げられる。
（16）詳しくは芳賀学「少女たちの物語製造装置・占い」（新書館編「大航海――歴史・文学・思想」第一号、新書館、一九九四年、六七―七二ページ）を参照。
（17）森下みさ子「占い・おまじないと「わたし」物語――『マイバースデイ』をめぐって」（大塚英志編『少女雑誌論』所収、東京書籍、一九九一年、一二五―一四八ページ）を参照。
（18）吉見俊哉『カルチュラル・スタディーズ』（思考のフロンティア）、岩波書店、二〇〇〇年、七ページ
（19）「カルチュラル・スタディーズ」の多様性については、同書を参照されたい。
（20）今田絵里香『「少女」の社会史』（〔双書ジェンダー分析〕、勁草書房、二〇〇七年）を参照。
（21）井上輝子／女性雑誌研究会編『女性雑誌を解読する――Comparepolitan 日・米・メキシコ比較研究』（垣内出版、一九八九年）を参照。

# 第1章　現代社会での宗教の位置とその変遷
## ――ピーター・L・バーガーの議論を手がかりに

### はじめに

日本社会では、一九七〇年代以後、「世俗主義」や「近代的価値」に対抗する宗教的な動向が盛んになった。島薗進は、序章でも述べたようにこのような状況を「宗教ブーム」と呼び、それが主に三つの動向からなっていることを指摘している。

第一は、この時期に新たに登場し、あるいは旧来のものが急に勢いを増した新新宗教の興隆である。[1] 第二は、まとまった世界観をもち、霊性（spirituality）を重視しながらも教団という形態をとらず、個人主義を重視する人々を中心に支持を集めた新霊性運動・文化である。

そして第三が、「宗教ブーム」のなかで特に大きな位置を占めていると考えられている「呪術＝宗教的大衆文化」である。「呪術＝宗教的大衆文化」とは、マスメディアを媒介として、広く宗教や宗教的なものへの関心が広がった状況を指す。例えば、映画やテレビで心霊現象が取り上げられたり、マンガやアニメで宗教的なトピックが題材として登場したりしたことなどが挙げられる。いわゆる「オカルト」の専門誌「ムー」や、これから取り上げる少女向けの占い雑誌「マイバースデイ」の創刊は、こうした動向を象徴するものだと島薗は指摘している。

ただし、「呪術＝宗教的大衆文化」は、不特定多数の人々を対象とするマスメディアを介して広がったものであることから、それが社会でどの程度、真面目に受け止められたかを明らかにすることは容易ではないとも島薗は付け加えている。

こうした事情もあってか、これまで宗教学や宗教社会学で「呪術＝宗教的大衆文化」が検討の対象として積極的に論じられることはほとんどなく、取り上げられる場合でもせいぜいほかの宗教や呪術の対比で言及されるにすぎなかった。(2) そのなかで、一九九五年に地下鉄サリン事件を起こしたオウム真理教が注目された際に、同じ「宗教ブーム」に属するという理由で、「呪術＝宗教的大衆文化」が比較の対象として注目されたのである。(3)

だが、「呪術＝宗教的大衆文化」は「宗教ブーム」のなかでも傍流だったと言えるだろうか。「マイバースデイ」を詳細に検討してみると、それが広く読者を集めたのは、「占い／おまじない」が近い将来を見通したり願望をかなえたりするといった短期的な目的に役立つだけでなく、読者たちの日常を神秘的で超越的なものと結び付けるものだったからだ。このように見てくると、現代社会の宗教的動向を検討するうえで、「呪術＝宗教的大衆文化」は、軽視してはならないばかりか、むしろ中心的な検討課題にしなければならないといっていいだろう。さらに、「呪術＝宗教的大衆文化」を広めたのが主に一九八〇年代に大きな影響力をもっていた雑誌だということも看過できない特徴である。

本章ではこうした観点から、メディアを媒介とする宗教的なもののありようについて、宗教と社会の関係をより広い視野のもとで論じるなかで位置づけることにしたい。そしてここでは、宗教社会学者のピーター・L・バーガーの議論に注目して検討する。

近代において宗教は、科学技術の発達や合理的な思考の浸透を背景に、社会や人々の日常に対する影響力を失っていくと考えられてきた。その過程は「世俗化」と呼ばれ、「聖なるもの」やそれが作り出す宗教的世界、そしてその世界観に規定された共同体や個人のあり方が、近代に入ってどのように変容していったのかについて多角的に論じられてきた。なかでもバーガーは宗教と社会の不可分な関係性に着目していて、宗教が個人の意識に与える影響や、逆に個人が宗教の形成に与える影響について、その展開を含めて検討していることに彼の言説の特徴がある。

もっとも、欧米社会での「世俗化」とは、基本的にはキリスト教を前提にして論じられてきたものである。そのため、この「世俗化」論が日本で取り上げられる際には、キリスト教のそれとは宗教の素地が異なることが焦点になり、そのまま「世俗化」論の枠組みを日本社会に適用することは難しいとされてきた。その点に関しては、バーガーの「世俗化」に関する議論にも同様のことが言えるだろう。だが、バーガーの「世俗化」論は、キリスト教圏に基軸を置きながらも、広く近代の宗教と個人の意識や価値観との関係を論じたものであり、近代社会の宗教と個人を論じるうえで重要な示唆を与えてくれる。

「世俗化」論を公表してから、社会に新たに現れた宗教や宗教的なものの動向に注目してバーガーが当初の「世俗化」論のモデルの修正を試みたのは、このことを傍証するものだといえるだろう。バーガーによる「世俗化」論の修正とは、「世俗化」が単に止まってしまったり、「世俗化」以前の形に宗教が逆行したりということではない。むしろ、近代化が進むにつれて、新たな宗教や宗教的なものが社会に現れたという指摘もなされている。さらに重要なのは、宗教の「世俗化」が消費社会や若者文化と結び付くことで、宗教の動向に新たな契機を含むに至ったことを指摘している点である。

先に述べてきたように、これまでの議論では、雑誌「マイバースデイ」のようにメディアが果たした役割や、そのなかで「呪術＝宗教的大衆文化」がそれ以外の文化と結び付いたり、独自の世界を創出するに至ったりする動向は十分にはとらえられていない。一九八〇年代を中心に展開した「呪術＝宗教的大衆文化」の広まりと、そのなかで独特の宗教的な世界観が創出されたことが、単に八〇年代という特殊な時代に現れた特殊な事例として示されるにとどまったのは、その結果にほかならない。

だが、ここではあらためて「呪術＝宗教的大衆文化」を近代の宗教や宗教的なものの位置づけのなかで再考することにしたい。そのことによって、雑誌を中心とする「占い／おまじない」をどのような観点から明らかにするのかを検討しておくことが本章での目的である。

では、バーガーは宗教の「世俗化」によって、社会の宗教や宗教的なものと個人との関係はどのように変容したととらえているのだろうか。そしてそのバーガーの枠組みに依拠するとき、現代日本社会のメディアを通した「占い／おまじない」の広まりはどうとらえられるのだろうか。以下ではこの点について、検討していく。

## 1　宗教の「世俗化」とは何か

ここではまず、バーガーの「世俗化」論について整理しておきたい。バーガーは、宗教の「世俗化」に注目するなかで、とりわけ宗教を中心とする世界に住まう人々の意識とその変化に焦点を当てて議論を展開してきた(4)。

彼によれば、「世俗化」する以前の社会では、宗教は人々にとって意味がある世界を構築する役割を担うものだった。ただし、宗教に基づく世界観は、外在的に一方的に与えられるものではなく、人間の主体的な関与を不可欠の要素とする。人間は言語や道具などのさまざまな文化を作り出し、それによって自然に手を加えてきた。そのことでカオスから一線を画し、人間固有の領域すなわち「世界」を形成してきた。

この営みは集団によってでなければなしえず、そのために生み出されたのが国家や家族といった制度である。しかし、これらの制度を生み出したことによって、「世界」を作る営みは次第に人間にとってよそよそしいものになり、ついには人間にとって外在的・客体的なものへと変化していく。他方、この過程で個人は、「世界」の構築に共同で携わる他者と対話したり「世界」について学習したりすることで自らの意識に世界を引き入れて、内在的・主観的なものとする。こうして、個人は世界のなかに自己の居場所を見つけて、アノミー（規範喪失）の恐怖から逃れられるようになる。このような世界を客観的で確かなものとする文化が「神聖化」であり、宗教はそれを土台として成り立っている。

　こうして宗教とは、近代以前の社会では、宇宙に内在するノモスを実在のものとして人間に啓示する役割を担うものだった。さらに宗教は、生活に対して「聖なるもの」の力を与える役割を担い、人々は、生活の営みを通して「聖なるもの」と自分自身との関係を確認する。その結果、人々は「聖なるもの」とのつながりを内在化し、宗教が作る「天蓋」によって守られるようになる。つまり「世俗化」以前の宗教は、「現実に対して彼自身の意味を最大限に注入」して「宇宙全体を人間的に意味ある存在として想念する大胆な試み[5]」なのである。

　しかし、近代化の過程で、宗教は社会の「天蓋」を創出する役割から撤退していく。この過程が「世俗化」であり、バーガーはこれを「社会と文化の諸領域が宗教の制度や象徴の支配から離脱するそのプロセス」と定義している。そして、この「世俗化」が進行した結果、近代社会の宗教は、「神聖化」による世界の創出、すなわち「天蓋」の創造と、それによる個人への意味の付与が不可能になるとバーガーはいう。

　こうした宗教の「世俗化」が起こった理由について、バーガーは二つの視点からアプローチを試みている。一つは、かつて欧米社会で精神的支柱を形成し、「天蓋」を創出していたキリスト教がもつ性質そのものが「世俗化」を引き起こしたという視点である。特に、プロテスタンティズムは、超越的な神の尊厳を強調しすぎたあまり、神の下にある世俗との経路が切断されてしまったことを指摘する。そしてその結果、世俗にとってキリスト教は必ずしも必要ではなくなり、結果的に両者が独立した関係になったと述べている。

他方で、バーガーは近代化での社会の変容が「世俗化」を促した要因であるとも見ていて、社会の側に注目して検討をおこなっている。次に、それを見ていこう。

## 2 近代化での社会の変容と「世俗化」

すでに整理したように、近代化する前の社会に生きる人々は統一された一つの世界に住むことで確かな生きる意味を獲得するものであり、その世界を作り出す基幹こそが宗教だった。[6]

ただし、「世俗化」以前の時代でも、宗教は決して不変だったわけではない。宗教は時代によって変化しながら、それぞれの時代ごとに統一された全体的な意味構造を象徴する一つの型やシンボルを提示することで、人々に安定した世界とそこでの安定した自我を与えてきたのである。社会は、そうした型やシンボルによって、家庭や職場、政治や祭礼といった生活の基盤となるものを安定して維持することができた。しかし、こうした「世界」の成り立ちは近代化によって大きく変容し、宗教に「世俗化」がもたらされたとバーガーはいう。

バーガーは「世俗化」をもたらした近代化の要因として、工業化の進展と官僚制の発達の二つを挙げている。工業化の進展は、それまでの手工業では人格と一体化していた生産技術が客観的な知識として個人から切り離されるという結果をもたらした。その結果、それまで一体のものだった労働の領域とそれ以外の生活領域とが互いに分離することになる。さらには、技術が個人から切り離されることで、生産過程での労働者の匿名化と透明化がもたらされるようになる。官僚制の発達は、社会を統治し管理する力が、人々の私的領域にまで恣意的に介入するという状況をもたらした。

このように工業化が進展して官僚制が発達した結果、個人は断片化された複数の場面からなる日常を生きることになる。バーガーはそれを、「多元的な世界」(plurality of life-world)と表現する。この変化のなかでとりわけ重要なのは、私生活、特に家族を中心とする私的領域と、生産活動や官僚制など公的な制度に関わる公的領域とが明確に区分されるようになったことである。その結果、個人はどの場面でも統一的な全体性を有するものとして自認することが困難になり、断片化した日常からそのつどの意味を調達することでしか自己を成立させることができなくなったのである。こうした近代に特有の「異様に未確定」な自己のあり方を、バーガーは「寄せ木細工」的な自己と表現している。

近代で「世界」が多元化し、それに伴って個人の内面も断片化されたことこそが、「世俗化」の契機になったとバーガーはいう。なぜなら、前近代以前の社会では、宗教は社会を統一する「天蓋」を提供するものだったが、「世界」が多元化し、さらにそのなかに住まう人々の意識が「寄せ木細工」的となったことで、宗教はそれまでのような役割を担うことができなくなったからである。

バーガーによれば、近代の「寄せ木細工」的な個人のアイデンティティは、四つの特徴を備えている。[7] 第一に、近代のアイデンティティは流動的で、他人の評価によって左右されるという「異様に未確定」な状況にある。第二に、近代のアイデンティティは「異様に細分化」されている。なぜなら近代社会では誰も、統一的なアイデンティティを支える、確かな日常に依拠することができなくなったからである。そのかわり個人は、自分の内面に立脚点を探し出す必要に迫られる。そして第三に、近代のアイデンティティは「異様に自己詮索的」である。なぜなら近代では人は絶えず決断や計画を求められていて、それを自分に納得させるための理屈が必要になるからである。そして第四に、近代のアイデンティティは「異様に個人中心的」である。なぜなら、近代は個人のアイデンティティを基本的な権利として位置づけるようになったからである。

こうした社会の複数化と、個人の意識の「寄せ木細工」化が、社会に対して宗教が提供してきた「天蓋」を弱体化させた。その結果、宗教そのものが社会に対して、その役割や影響力を弱めることになった。そうした近代の状況を、バーガーは「安住の地の喪失」(homeless) と呼び、以下のように述べている。

近代的な社会生活における「安住の地の喪失」という事実は、宗教の分野においてもっとも荒涼とした様相を現わした。近代社会における日常生活の複数化と生活歴の複数化によってもたらされた、認知上及び規範上の一般的な不確定性は、宗教の信憑性を深刻な危機に陥し入れた。太古からの宗教の機能――人間の危急の事態の真唯中で究極的確信を得させてくれるという――は、激しくゆさぶられている。近代社会における宗教の危機の故に、社会的な意味での

「安住の地の喪失」は、さらに形而上学的になった——つまり、それは宇宙の中での「安住の地の喪失」となったのである。これに耐えるのは非常に困難である。(8)

このように、近代の日常の複数化と、それに伴う人々の意識の変化は、宗教の「世俗化」と「安住の地の喪失」を決定的なものとしたのである。

しかし、宗教は一方で、別の側面から必要とされるようになる。それはいうなれば、「安住の地の喪失」によって引き起こされた不安に対する処方箋としての役割への期待だった。次に、そうした観点から見直されていく宗教の価値とその変容について検討する。

## 3　宗教の「市場」化と消費者の出現

すでに見てきたように、近代での個人は「安住の地の喪失」に直面し、その結果、寄る辺なき不安に耐えながら生きることになった。ただし、この不安は一方的に受忍を強いるのではなく、これに対処するための方法が社会に現れてくる。

一つは、近代社会では、自分自身や周囲について予測することがある程度可能になったため、社会関係をめぐるさまざまな情報を入手して、自分自身とその周辺を客観的にとらえる「社会の地図」を作成するという方法である。「社会の地図」によって個人は多様で流動的な日常を生きるための指針を獲得し、そのつど決断をおこなうことが可能になった。「地図」を得る方法としてバーガーらは、過去の経験と記憶に基づき、自身がいまいる位置を把握し将来を設計するという、一般的な意味での「社会学」がその役割を果たすと述べている。

だが、困難に満ちた現実のなかで、日常を過たずに送るためのもっと確かな方法がある。それが、新たに価値を見いだされた宗教である。ただし、いまや宗教は、「世俗化」以前の社会に対して果たしていた役割、すなわち統一された「天蓋」を作り、まとまった「世界」を創出する役割を期待されているのではない。近代で宗教に期待されているのは、公的領域と私的領域とに分断された日常のなかで、私的領域のなかに生きる意味を生み出すことを援助する役割である。なかでも、私的領域のなかでかろうじて残存した家族という制度に、意味を供給する役割が期待されているとバーガーは述べている。いうなれば、宗教は家族に意味を与えて強化することで、かつての確かな世界に生きた個人と同じように生きる意味を獲得することを助ける役割が期待されているということである。

しかし、宗教に再び期待を寄せるという回路は、たやすく形成されるわけではない。すでに述べたように、近代では社会そのものが多元化し、またその変化に伴って宗教も社会的な信憑性を独占できなくなった。さらに、現実を生きるためのよりどころは、ほかにも複数立ち現れる。だから、宗教が再び見直されたとしても、それが自らの独占的地位を僭称することはもはや不可能である。

では、こうした状況のなかで宗教が再び見直されるということは何を意味するのだろうか。この点に関して、バーガーは以下のように述べて「市場」の出現に注意を促している。

あらゆる多元主義的状況の核心的な特徴は、それらのこと細かな歴史背景がどんなものであれ、独占性を失った宗教がもはやその帰属住民たちの忠誠を当然のものと考えることができないということである。忠誠は自発的なものであり、だから定義からみて確かなものではない。その結果、かつては威信をもって強制できたものが、今や市場化されねばならない。もはや、〈買う〉ことを強制されていない顧客に〈売り〉込まねばならない。多元的状況は、なかんずく一種の市場相場なのである。(9)

このように、近代社会で宗教の「世俗化」を引き起こした多元的状況は、宗教を再び日常に組み込むにあたって市場相場を作り上げるに至った。「市場」において宗教は、そのつどの需要に応じて変化する必要に迫られるようになったのである。そのなかで消費者たる「顧客」は、自分に合った宗教を選択することになる。

ところで、バーガーらは「市場」での宗教の変容を、〈パッケージング〉という言葉で説明する。〈パッケージング〉とは、「市場」に参入する宗教が消費者による選択を前に、いわば自らをひとまとまりの商品に仕立てることを指す。それによって、宗教は優位性を強調し、競合する相手との差異化を図るようになる。競合する対象は、ほかの宗教だけでなく、そうとははっきりと自覚されないものの宗教的な色彩を帯びたものも含まれる。また、〈パッケージング〉といっても、中身の変化を伴わずに外面を変えるだけのものから、市場での顧客の要求に応じて中身を変えるものまで、多様な現れ方をするのである。

さらに、「市場」で選択された宗教は、個人がただ受容するだけで生きる指針となったり、日常に安定をもたらしたりするものではない。なぜなら、宗教はもはやそれだけでは、私的領域を包括的に強化する力をもってはいないからである。消費者の側でも、宗教を指針として生きるために意識的に努力することが要求される。そして、「市場」から調達された宗教は、他者からだけではなく、当の消費者自身からもその正当性を絶えず疑われるという脆弱性を内包しているのである。

ところでバーガーによると、公的領域から分離した私的領域を自らにとって意味があるものにするには、宗教をただ選択するだけでは不十分である。なぜなら、近代では私的領域は個人の裁量によって左右される、自由な領域であることが何よりも優先されるからである。だから、私的領域に意味づけをするためには、自らの手で意味を与える宇宙を組み立てることも必要になってくる。その場合、家族や宗教、趣味などが挙げられる。バーガーはこれらのものをもとに、個人が自身の手で私的領域に意味を与えることを、「「自分で作りましょう」的宇宙」[10]（do it yourself）の組み立てと呼ぶ。しかし同時に、「たいていの人は宇宙をどのように組み立てたらよいのか知らず、そのため、組み立てる必要にせまられると、ひどく戸惑う」[11]ことにもなるとバーガーらは指摘している。

ここまで見てきたように、近代がもたらした「安住の地の喪失」という事態に個人が対処するための方法として、宗教を私的領域に取り込み、何らかの確からしさを獲得する経路が見いだされるようになった。その結果、「世俗化」の過程で再び宗教や宗教的なものの価値が見直されるようになったというのがバーガーらの見立てである。ただし、宗教はもはや一方的に差し出されるのではなく、「市場」のなかから調達されるものになり、その調達では消費者の能動的なはたらきかけが必要になっている。

　だが、近代に宗教や宗教的なものが選ばれるのは、日常での私的領域を強化して安定を手に入れるためだけではない。特に若者にとって、宗教を選択することはそれと異なる意味を有するものであるとバーガーは指摘する。次に、その点を見ておきたい。

## 4　宗教が若者に見直されるとき

　近代に「安住の地の喪失」が引き起こされたのは、近代化の構造そのものに起因する。その一方で、「安住の地の喪失」に対してより根本的に対抗しようとする試みが現れるようになったのも、近代の重要な動向であるとバーガーらは述べている。

　こうした試みは体制の違いにかかわらずあらゆる国家で立ち現れてきているが、そのなかで最も積極的な対抗をおこなったのが若者だったとバーガーはいう。その背景には、私的領域のなかでかろうじて残った家族という制度が大きな役割を果たしている。なぜなら、さまざまなものの価値が自明でなくなった時代のなかで、私的領域での家族の価値は相対的に高くなったからである。バーガーによれば、家族の力が強くなった要因の一つとして、新生児死亡率が低下して親の子どもへの愛情が濃密になったことも挙げられる。そして、こうした家族のなかで成長した若者たちは公的領域での匿名性の増大に耐えることが困難になり、その結果、自由な社会にかえって苛立ちをつのらせ、社会の外に「安住の地」を求めようとするとしている。

この目的のため、近代社会が個人を疎外して一人ひとりの存在の意味を無化しようとする力動を反転させることを若者は試み始める。だが、それは個人の自立性を縮減させ、それと引き換えに包括的で排他的な集団的結束を希求するものにほかならない。こうした動きは、「寄せ木細工」的ではない自己、近代以前の宗教によって統一された「世界」に住まう確かな自己イメージへのノスタルジーを喚起する。

その結果、「安住の地」の希求に伴う動向は、自我と超越性との直接的な結び付きや「自然」との合体を目指す、いわゆる「ネオ神秘主義」へと発展する可能性を秘めるようになった。「ネオ神秘主義」とはオカルトや魔法、神秘宗教のことで、「寄せ木細工」的性質に見いだされる分解の橋渡しをして、体験や知覚に生じうる矛盾を克服する性格を帯びている。さらには、時間の面でも複雑な生活歴を設計し、それによって自己を未来に投企するよりも、「いま!」を重視する傾向が強く見いだされる。

こうした青年文化の実現を達成する目的で新たな共同体の創出が志向されるようになった、とバーガーはいう。しかしそれは、エンカウンターグループのように、共同で一つの課題を達成する機能を有するものではなく、内面的な共同性を生成する技法が共有されることに特徴がある。若者たちが共同体に期待するのは、独立した個人同士が互いに協同する場としてのそれではなく、個々人が独立性を前提としたうえで、他と溶け合い、「一つの霊の浸透によって、行為に至る[12]」ことである。ただし、こうした共同体を継続することは困難であり、そのためにある程度の制度化を受け入れざるをえないというジレンマも生じる。

そして、近代に対抗する若者たちのこうした試みは、必ずしもうまくいくわけではない。なぜなら、反抗に関わる若者たちはいつまでも反抗し続けるわけにはいかないからである。その結果、若者たちは私的領域に自己の価値観を取り込み、日常と折り合いをつける方向に向かうようになる。ただし、「安住の地の喪失」という不安を払拭する願望をもつ若者たちが全体主義的な傾向に陥って日常の複雑さを棄却し、道義的なあいまいさを受け入れてしまう可能性があることを指摘してもいる。バーガーはこのことを象徴する一例として、数々の殺傷事件を引き起こしたマンソン・ファミリー[13]を挙げる。

## 5　近現代での宗教の再発見

ここまで、近代に宗教や宗教的なものが再び見直されるようになった経緯について、バーガーの議論を中心に整理してきた。その要点を示せば次のとおりである。

バーガーによると、近代以前の社会で人は、宗教を基軸とする「世界」のなかに住まうことで自身の存在に対する意味を獲得する。この「世界」の成立そのものには、人間自身も関わっている。こうしてできあがった宗教による意味世界を、バーガーは宗教による「天蓋」と表現する。だが、近代化に伴い、社会での宗教の価値や意味が衰退するという「世俗化」が起きる。この「世俗化」が起きる理由は、例えばキリスト教など宗教の内容そのものが変容の起因となる側面もあるが、近代化によって日常が私的領域と公的領域とに分断したことが深く影響している。その結果、人々は「寄せ木細工」的な自己として、「安住の地の喪失」を生きていかなくてはならなくなった。

他方で、「安住の地」を喪失した近代の人々は、その不安に対処しようと試みる。そのための手立ての一つが、周囲に関する情報を獲得して自身の生きる場所を見つける「社会の地図」を手に入れる方法である。だが、より強力なのは、再び宗教を私的領域に引き入れることである。ただし、近代では宗教は一方的に差し出されるものではなく、「市場」で消費者が自ら選択し、調達すべきものとして提供される。そのため、宗教そのものが消費者に好まれるように、〈パッケージング〉によって外観だけでなく内容を変えていくことになる。だが、私的領域を強化するには宗教や宗教的なものを取り入れるだけでは不十分であり、個人はさらに私的領域で、「宇宙」を自分自身の手で組み立てる、いわば「DIY（do it yourself）的宇宙[14]」を必要とする。

しかし、生まれながらに「安住の地の喪失」を生きざるをえない若者たちは、失われた「安住の地」の復活を求めて、根本的な解決を希求するようになる。そんな彼らがたどりついたのが、「ネオ神秘主義」を選ぶことによって「寄せ木細工」的自己を克服し、疎外された若者同士で共同体を創出することだった。しかし、こうした抵抗は継続することが難しく、やがて若者は日常と折り合いをつけるようになるか、あるいは暴力に解決の糸口を見いだすことになるのだとバーガーらは述べている。

では、この「世俗化」論のなかに、現代日本社会でのメディア、特に雑誌を通した「占い／おまじない」の広まりはどのように位置づけられるのだろうか。この点について、あらためて検討しておきたい。

これまで見てきたように、近代化の過程で起こる宗教の「世俗化」は、宗教そのものの変化と、その背景にある社会の変化の影響がもたらすとされてきた。このうち前者については、すでに指摘したように、主にキリスト教をモデルとして想定されている。そのため、キリスト教圏外の社会に同じことが生じているといえるかどうかは、別途、検討する必要があるだろう。

他方、宗教の「天蓋」としての役割の後退が、人々の日常での私的領域と公的領域との分裂に伴って変化したという議論について、この事態は洋の東西を問わず近代化が進んだ社会に共通する歴史的経緯だと言えるだろう。少なくとも、現代日本社会で人々は二つの領域が分断された日常に生きていると考えて間違いない。したがって、人々が、統一することができない「寄せ木細工」的な自己を生きることになり、「安住の地の喪失」という不安に直面するようになったという事態についても、日本社会にも同じ状況を見いだせる。

宗教や宗教的なものを売り買いする「市場」が出現したのはこのためであり、現代日本社会にもこれを見いだすことができるだろう。他方で、バーガーが言うように、「市場」で宗教や宗教的なものを〈パッケージング〉する際には、消費者の需要を読み取る存在が必要である。言い換えれば、現代社会で魅力的な宗教の専門家であるためには、優れたマーケッターでもなければならないと考えられる。つまり、近代の宗教は消費者の不安や、あるいは欲望をよりはっきりと映し出していると言えるのである。

しかし、私的領域を強化してより確かな自己を生きるためには、宗教や宗教的なものを「市場」から調達して日常のなかに組み入れるだけでは不十分なことはすでに見たとおりである。なぜなら、近代では私的領域に宗教や宗教的なものを導入しただけでは安定して意味を個人に供給することはできない。そこで、個人は私的領域の内部に宗教や宗教的なものを引き入れ、意味を供給する宇宙を組み立てる際に、好むと好まざるとにかかわらず自らの手でそれを組み立て、さらには維持しなければ、安定した意味のある日常とそれによる自己を生きることができない。だが、バーガーが指摘するように、その組み立てのための手順についても手引がなければ困難なのが現在の状況である。

そして、現代日本社会での「宗教ブーム」とは、そうした「宗教の市場」が顕在化したものと考えれば、「呪術＝宗教的大衆文化」が最も顕著な広まりを見せた理由についても別の見方をすることができる。つまり、「呪術＝宗教的大衆文化」がメディアを媒介として広まったのは、たまたま時代に即していたからというよりは、メディアそのものが宗教の「市場」だったからではないだろうか。

なぜなら、テレビや雑誌などの現代的なメディアは、受け手の好みに合わせて情報を取捨選択して提供する傾向を帯びているからである。また、「呪術＝宗教的大衆文化」のなかでも特に「占い／おまじない」が大きな支持を得て独自の「世界」を形成しえたのは、それが少女たちにとって身近なメディアである雑誌を媒介として、私的領域での関心事と結び付きやすい性質をもっていたからだと推測されるのである。

そして、バーガーの議論に沿うと、「市場」での宗教のありようを検討することは、その宗教や宗教的なものと結び付いた、人々の日常に対する意識や価値観を明らかにすることを可能とする。なぜなら、「市場」での〈パッケージング〉は、顧客の好みや需要を反映したものだからである。したがって、「市場」で、特に「占い／おまじない」を検討することは、それに携わってきた少女たちがどのような日常を生き、そこにどのような価値を見いだしてきたのかを明らかにすることができるだろう。さらには彼女たちが、どのような「安住の地の喪失」という不安を生きていたのか、それに対してどのように対処してきたのかについて検討できると考えている。

だが、その際に注意しておくべきことがある。それはバーガーが、殺傷事件を起こしたヒッピーグループであるマンソン・ファミリーのように、暴力を発動することで「安住の地の喪失」を解消する方向へと向かう可能性を内包していると指摘している点である。

この指摘は、現代日本社会にも当てはまるだろう。周知のように、一九七〇年代の「宗教ブーム」は、新たな宗教的動向が現れたり、若者らが宗教や宗教的なものに新たな価値を見いだしたりしただけではない。九五年にオウム真理教が起こした地下鉄サリン事件は、「宗教ブーム」もまた暴力に傾斜する性質を内包するものだったことをあらわにした。この背景には、バーガーが言うように、「安住の地の喪失」に対する不安と、それを解決しようとした若者の意識があったととらえていいだろう。

ただし、このことが直ちに、「宗教ブーム」そのものや「占い／おまじない」ブームが暴力を内包していることを意味するわけではない。むしろ、同じ「宗教ブーム」に属しながらも、オウム真理教と違って「占い／おまじない」はなぜ暴力を噴出させる方向に向かわなかったのかという点を問う必要がある。そうすることで、おのずと「宗教ブーム」の若者文化としての側面と暴力との関係性についても検討を加えることが可能だと考えられる。

## おわりに

近代化の進行とともに、「安住の地の喪失」を余儀なくされ、その不安に対抗するために再び宗教や宗教的なものが注目されるようになった経緯は、現代日本社会の「宗教ブーム」にも見いだされるものだったのではないだろうか。そのなかでも、広く社会に浸透したためにかえってつかみどころがない「呪術＝宗教的大衆文化」こそが、現在の日本社会の宗教や宗教的なものの現代的な現れ方を示していると考えられる。そしてそれが同時に、社会にある不安を顕著に反映したものだったと推測される。なぜなら、「呪術＝宗教的大衆文化」の広まりで重要な役割を担ったメディアこそが、宗教の「市場」化を具体的に示すものと考えられるからである。

そして、そのなかでも雑誌は、少女たちにとって身近なメディアとして「占い／おまじない」を示すだけでなく、読者である少女たちの意識を汲み取ることで発展していった。雑誌はいわば、宗教の「市場」の現場そのものだと言えるだろう。

では、「呪術＝宗教的大衆文化」のなかでも少女たちの間で支持を集めた「占い／おまじない」

ブームでは、どのような「市場」が形成されていたのだろうか。また、そのなかで「ＤＩＹ」はどのような役割を果たしていたのだろうか。

雑誌の「占い／おまじない」を検討することは、何らかの不安を生きてきた少女たちのありようと、それに対する具体的な対処の仕方を探り、宗教や宗教的なものの現代的な諸相を検討するのに重要な手がかりになるだろう。そしてそのためには、宗教の「市場」化と「ＤＩＹ」という二つの要素について注目し検討する必要がある。そしてそのことは、少女たちがどのような不安を抱えていたのかを、その社会的背景を含めて必然的に明らかにすることにもなる。

また、「占い／おまじない」について検討する際には、それがなぜ少女たちを中心に発展してきたのかを、ジェンダーの観点から検討する必要があることはすでに述べたとおりである。さらに、「占い／おまじない」はオウム真理教を生み出した「宗教ブーム」と同じ土台を共有していることから、暴力との関係性にも留意する必要があるが、バーガーの議論は暴力との関係に対しても示唆的である。この点にも注意して検討していく。

以上の観点に立って、一九八〇年代に入って広まった「占い／おまじない」にあらためて注目し、現代的な宗教や宗教的なものの広まりと、それに関わった少女たちの心性や意識、そして社会的背景についての考察を進めていきたい。

## 注

（1）新新宗教については議論があるが、ここでは島薗進による整理を参照する。

（2）前掲『ポストモダンの新宗教』一七二―一九六ページ

（3）こうした議論に関しては、例えば以下を参照されたい。弓山達也「青年層における宗教情報の伝達について」、池上良正／中牧弘允編『情報時代は宗教を変えるか――伝統宗教からオウム真理教まで』所収、弘文堂、一九九六年、二五―四五ページ

（4）Peter L. Berger, *The Sacred Canopy: Elements of a Sociological Theory of Religion*, Doubleday and Company Inc., 1967.（ピーター・L・バーガー『聖なる天蓋――神聖世界の社会学』薗田稔訳、新曜社、一九七九年）

（5）こうした立場から、バーガーは構築主義に立っているとしばしばとらえられるが、バーガー自身は構築主義について批判している。詳しくは Peter Berger and Anton Zijderveld, *In Praise of Doubt: How to Have Convictions Without Becoming a Fanatic*, Harper One, 2009.（ピーター・バーガー／アントン・ザイデルフェルト『懐疑を讃えて――節度の政治学のために』森下伸也訳、新曜社、二〇一二年）

（6）Peter L. Berger, Brigitte Berger and Hansfried Kellner, *The Homeless Mind: Modernization and Consciousness*, Random House Inc., 1973.（P・L・バーガー／B・バーガー／H・ケルナー『故郷喪失者たち――近代化と日常意識』高山真知子／馬場伸也／馬場恭子訳、新曜社、一九七七年）

（7）同書八五―八八ページ

（8）同書二一四―二一五ページ

(9) 前掲『聖なる天蓋』二一二ページ
(10) 前掲『故郷喪失者たち』二一七ページ
(11) 同書二一七ページ
(12) 前掲『聖なる天蓋』二四五ページ
(13) 詳しくは Ed Sanders, *The Family*, Brandt & Hochman Literary Agents Inc., 1971.（エド・サンダース『ファミリー――シャロン・テート殺人事件』上、小鷹信光訳〔草思社文庫〕、草思社、二〇一七年）。
(14)「DIY」という表現は、原著での表現である「自分で作りましょう」(do it yourself) を参照している。

# 第2章　「マイバースデイ」の「占い／おまじない」

## はじめに

一九八〇年代の「占い／おまじない」の流行を取り上げた議論では、序章で先行研究についてふれたように、そこに関わる若者、特に少女たちが自分自身のあり方や未来を重視するという個人主義的なありようを強調する傾向が見られる。そのなかで、芳賀学や弓山達矢は「占い／おまじない」が流行した背景として、「自分探し」を求める若者たちが、「予兆（きざし）となる現象をもとに、想定される何らかの因果関係に基づいて、結果となる現象を導き出す方法[1]」である占いと、その結果をもとによりよい運気を獲得するための「おまじない」に期待をかけていたためだとしている。

そのうえで、当時の「占い／おまじない」ブームを代表する雑誌「マイバースデイ」を取り上げ、そこでよく取り上げる西洋占星術が、生年月日という当人には変えることができない生得的な指標をもとにしているために、本当の自分を探し出して確立するに有効だったのではないかと考察している。さらに、西洋占星術は他者との関係を読み解くことで複雑な人間関係を把握し、どうしたら「重い」関わりをもつことなく他者と向き合うことができるかを見極めるための、いわば「認識のための地図」の役割を担うものとして若者たちからの支持を受けたと結論づけているのである。(2)

しかし、あらためて「マイバースデイ」に目を通してみると、「占い／おまじない」が人間関係の「重さ」を回避するための「認識のための地図」だったというよりも、また人間関係で生じる軋轢を回避するのに役立つものというよりも、むしろその軋轢に積極的・能動的にはたらきかけるための方策だったことがうかがえる。そしてその点を注視することは、「占い／おまじない」が少女たちにどのような役割を示してきたのかをあらためて明らかにする糸口になると考えられる。

では一体、一九八〇年代の「占い／おまじない」は少女たちにどのような役割を果たしてきたのだろうか。そしてそれは「マイバースデイ」のなかでどのように示されてきたのだろうか。

具体的な検討に入る前に、本書ではどのように「マイバースデイ」を分析して検討するのかを明らかにしておきたい。前述のように、これまでにも雑誌の分析はさまざまにおこなわれてきた。これらの研究では、文章を読み込んで、そのテキストを検討したものが主だが、近年では、文章を計量分析したうえでその傾向を把握したものも見られる。本書でも、主に前者の方法を中心に参照して雑誌の内容について分析し考察している。その目的のため、国立国会図書館分館の国際子ども図書館が所蔵している創刊号から休刊する直前までの「マイバースデイ」のすべてに目を通して検討している。

「マイバースデイ」は一九七九年に実業之日本社が創刊し（図1）、全盛期には公称約四十万部発行とされている。主な読者は中学・高校生の少女たちだが、当初は社会人や大学生に向けての記事も掲載していた(3)。九〇年代に入ると雑誌の性格は大きく変化したが、二〇〇六年に雑誌は休刊してその後はウェブサイトに移行した。だが、二〇一二年と一三年には過去の記事の再録を中心とする復刻版を出版している(4)。

図1 「マイバースデイ」創刊号（実業之日本社）の表紙

また、「マイバースデイ」は中・高生向けの性格を強めていったが、それと並行するように、一九八〇年代には「マイバースデイ」からの派生として、より幅広い世代に向けた「占い／おまじない」の情報を専門に掲載した「MISTY」（実業之日本社、一九八〇―二〇一一年）や、社会人女性に向けた「moniQue」（実業之日本社、一九八九―二〇〇二年）、小学生向けの「プチバースデイ」（実業之日本社、一九八七―二〇〇三年）などが創刊されている。この時期にはまた、少女向けのファッション誌でありながら「占い／おまじない」についても取り上げた雑誌「Lemon」（学習研究社、一九八二―九八年）や、いわゆるオカルト雑誌「ムー」の姉妹誌である「Elfin」（学習研究社、一九八八―九六年）なども刊行されている。このように、八〇年代には「占い／おまじない」雑誌が各種創刊されたが、「マイバースデイ」は、それが創刊されるまで若者向けの「占い／おまじない」雑誌がなかったことや、また後続雑誌がここから派生したものであることを考えると、「占い／おまじない」ブームの中心的な雑誌だったと言っていいだろう。

これらの雑誌によって支えられていた一九八〇年代の「占い／おまじない」ブームについては、主に雑誌を中心として大衆文化になったこと、個人主義的な「自分探し」や「個性」の獲得に関心を寄せる若者の支持を集めたととらえる議論があることは、すでにふれたとおりである。

しかし、一九八〇年代の「占い／おまじない」を検討すると、そうした特徴とは異なる側面をもっていたことがうかがわれる。なかでも、「マイバースデイ」は「占い／おまじない」を、少女の日常生活、特に学校という空間に浸透させて、独自の倫理や価値観に基づく世界観を読者に提供することで個人主義とは異なる特徴をもっていたのである。こうした観点に立って、本章ではまず、八〇年代の「マイバースデイ」の全体像を概観する。

## 1　雑誌としての「マイバースデイ」

「マイバースデイ」の全体を通して特徴的なことの一つは、そのデザインである。創刊号から表紙や記事に少女マンガ家によるイラストをたくさんあしらっている。特に、創刊号から一九八四年まで表紙を担当したまつざきあけみによるイラストは、神話や妖精をモチーフにして、「マイバースデイ」を代表するものとなった。また、こうした少女好みのイラストを使ったカードやシールなどの小物や別冊付録などがほぼ毎号添えられていたが、この点については次章でふれたい。

すでに述べたように、「マイバースデイ」は、「占い／おまじない」の記事のほかに、一般的トピックを扱った記事も数多く掲載していた。そうした記事としては主に、美容、ファッション、料理のレシピ、芸能情報といった記事を挙げることができる。美容の記事では、ヘアスタイリングやスキンケアなどが中心で、中・高生を意識した内容になっている。また、少女向けのファッションや小物の商品を紹介する記事も掲載しているが、こうした記事には少女に向けた文章を添えていることが多い。例えば創刊号から一九九二年まで続いた「物語シリーズ」は、下着やカバン、文房具などのカタログを示すだけでなく、そうしたものの歴史や使い方や作り方、短いエッセーなども掲載している。

一九八〇年代には、さまざまな分野の著名人によるエッセーやコラムも掲載していた。創刊号から、テレビレポーターなどを務めていた山谷えり子が「愛の交際学」と題して異性との出会いからセックス、生理などについてのコラムを連載した。また、作家の落合恵子による「シークレットタイム」と題した恋愛を主なテーマとするエッセーや、映画監督の羽仁進とその娘による「父と娘の交換日記」も掲載していた。さらに、学校に関わる不登校やいじめ、進路などに関わる記事も多く目につく。一九八七年三月号から始まった「みんなで考えようMBティーチ・イン」というシリーズは、いじめなどの議題に一つ注目して、専門家のコラムや読者アンケートなどから、その実態や予防策を示す内容になっている。(5)

この時期の「マイバースデイ」では、読者の投稿が誌面で重要な役割を担っていた。一九七九年三月号から読者投稿欄「ハローバースデイ」を開設しているが、そこでは恋愛、友人、学校生活などを主な内容とする投稿を多く取り上げている。投稿は、投稿欄だけでなく、それ以外の誌面でも積極的に取り上げているのも、「マイバースデイ」の一つの特徴といえるだろう。

このようにライフスタイルに関する記事を多様に掲載しているが、しかし、それらは「占い／おまじない」とまったく独立していたわけではない。例えば旅行の記事のなかに行き先を決めるための占いを挿入するというように、「占い／おまじない」と結び付けられたりする。ライフスタイルにまつわる記事はむしろ「占い／おまじない」と密接に関連づけられていて、そこにこそ重要な意味があるとさえいえるだろう。この点に留意しながら、次に「マイバースデイ」の主軸である「占い／おまじない」に関する具体的な内容を見ていこう。

## 2　「マイバースデイ」の「占い／おまじない」

「マイバースデイ」の「占い／おまじない」に関連する記事は、大別すると、読み物としての記事と、実際に読者が「占い／おまじない」を実践するための手引としての記事からなるが、いずれも主に占い師が執筆している。一九八〇年代では、後述する西洋占星術師のルネ・ヴァンダール・ワタナベ、マーク・矢崎治信のほかに、妖精にまつわる占いで人気を集めたエミール・シェラザード、「マンスリー・ホロスコープ」を担当した紅亜里、占いにまつわる読み物を執筆したマドモアゼル・愛やルル・ラブア、心理学に依拠して論じる浅野八郎らが活躍している。

読み物としての記事で最も目につくのは、本章の冒頭でも述べたように西洋占星術に関連するものである。なかでも、十二星座ごとの毎日の運勢や、その運勢に対処するアドバイスを載せた「マンスリー・ホロスコープ」と、雑誌の発行月にまつわる星座を詳細に分析した「細密研究」（創刊号では「徹底研究」）を毎月掲載して、休刊まで「マイバースデイ」の中軸をなしていた。特に「細密研究」では、星座ごとの運勢や将来の展望といった長期にわたる占いのほか、星座にまつわる神話や、占星術で用いられる星の配置を図式化するホロスコープの作り方などを掲載している。占星術については、ホロスコープの作り方のほかに、占いを実行する際におこなう星の配置を算出する方法や、その読み方など、実際に西洋占星術を学ぶための専門的な記事も定期的に掲載されてきた。

一九八一年十月号と十一月号には「神秘のタロット占い大研究」と題した特集を組んでいて、前述したイラストレーターのまつざきあけみによるタロットカードを付録として添えている。記事の本文では、タロットカードの歴史と成り立ちの経緯とともにカードの意味についての解説を付して、「セントライン展開法」や「ケルト十字展開法」などといった具体的なカードの用い方を紹介している。さらに、東洋占星術、手相占い、オーラ、予知夢や超能力、瞑想といったものを取り上げて記事は多様化していった。また、怪談や霊界といった、いわゆる「オカルト」ものの読み物も掲載した。

一九八〇年代後半になると、より手軽に実行できる「占い／おまじない」も登場するようになった。こうした記事は、それぞれの発行月にまつわる入学式や新学期、卒業式といった学校行事、バレンタイン、クリスマスといったイベントに合わせた内容になっている。例えば、入学式や新学期を控えた四月号では、異性や友人、先輩、先生などと親密になるために、相手の性格を割り出す占いや親しくなるためのおまじないを組み合わせた内容の記事を掲載している。こうした記事はまた、ライフスタイルの記事とも結び付いて、一月号には「新年特大号」、十月号には「新学期、恋の占いドキドキ号」、十二月号には「恋のクリスマス特大号」などと題する特集を組んだりしている。

特に、バレンタインデーに関する記事は豊富に掲載されている。

「占い／おまじない」の記事は、主に「マイバースデイ」で読者の支持を受けてきた占い師たちが執筆していた。そのなかで、一九八〇年代に最も中心的な役割を担ったのが、西洋占星術師のルネ・ヴァンダール・ワタナベだった。ルネは魔術の専門家として「白魔女」の理想像を示し、魔女と子どもを組み合わせた「魔女っこ」というキーワードを使用することで、「マイバースデイ」の象徴的な存在となった。そこで、次にこのルネ・ヴァンダール・ワタナベがどのような記事を掲載してきたのかについて、具体的な内容に踏み込んで検討する。

## 3 「魔女っこ」の登場

ルネ・ヴァンダール・ワタナベ(6)が初めて「マイバースデイ」に登場したのは、一九七九年十二月号に始まった「恋の魔女っこ入門」（のちに「魔女っこ入門」と改題）である。ここでは、「魔法のかけかた」と題して、数々の恋を成就するための「占い／おまじない」を紹介しているが、それは「魔女」の儀式を模した、かなり複雑な手順を要する内容になっている。例えば「素敵なＢＦに出会える魔法」では、金星が輝く晩にワインを供えて呪文を唱え、さらに洗面器と鏡を用意してそのなかを覗き込むといった手順を、天体の神話的な意味などをふまえながら紹介している（図2）。また、「ライバルから彼を独占しちゃう魔法」では、同じ異性を好きになった相手が通る道に水をまいて、その道に残っていた足跡を消すことでライバルを遠ざける方法を紹介している。さらに、恋愛がかなった際には、ライバルに異性の友人を紹介することを推奨している点にも特徴がある。

この「恋の魔女っこ入門」でルネは、「素敵な魔女になるために」と題して、人を攻撃する黒魔術ではなく、「人々のために、病気をなおしたり、天候を予見したり」していた白魔術の重要性を述べたうえで、「科学万能、物質優先主義の時代」に「人間と人間の心をしっかり交わし合う」存在としての魔女を目指す「魔女っこ」になる意義を読者に呼びかけている。

ルネによる「占い／おまじない」には、特に明確な目的をもたない内容のものも多い。例えば一九八〇年六月号の「魔女っこ入門」では、「カサンドラの小宇宙」と称する長方形の板の作り方を紹介し、その上に十五分以上乗る訓練法を推奨している。これは、カサンドラという魔女が狭い牢に閉じ込められたことで魔力が強くなったという逸話に由来するもので、「忍耐力、平衡感覚、第六感の開発、集中力」を養うための訓練とされている。さらに、一九八二年二月号では、「魔女っこ体操」と題して「錬金術（アルケミイ）体操」を紹介している。これは、「黄金のように輝く存在」への向上を目指して、ルネがいう本当の錬金術師の奥義をアレンジしたものであり、「錬金かまどのポーズ」や「水銀のポーズ」といったストレッチを魔法に属するものとして紹介している。

このように、ルネが示す魔法としての「占い／おまじない」では、具体的な願望をかなえることだけでなく、読者が「魔女っこ」として日々の努力を積み重ねることを重視している。それは、一九八〇年十一月号の「魔女っこ入門」で、前述のような訓練は「他人の幸福はねたまない」「約束を必ず守る」「トレーニングに耐える根性を持つ」ためのものであるとしていることからもうかがえる。一九八一年六月号の「魔女っこテスト」は、努力によって「魔女っこ」が目指すべき「白魔

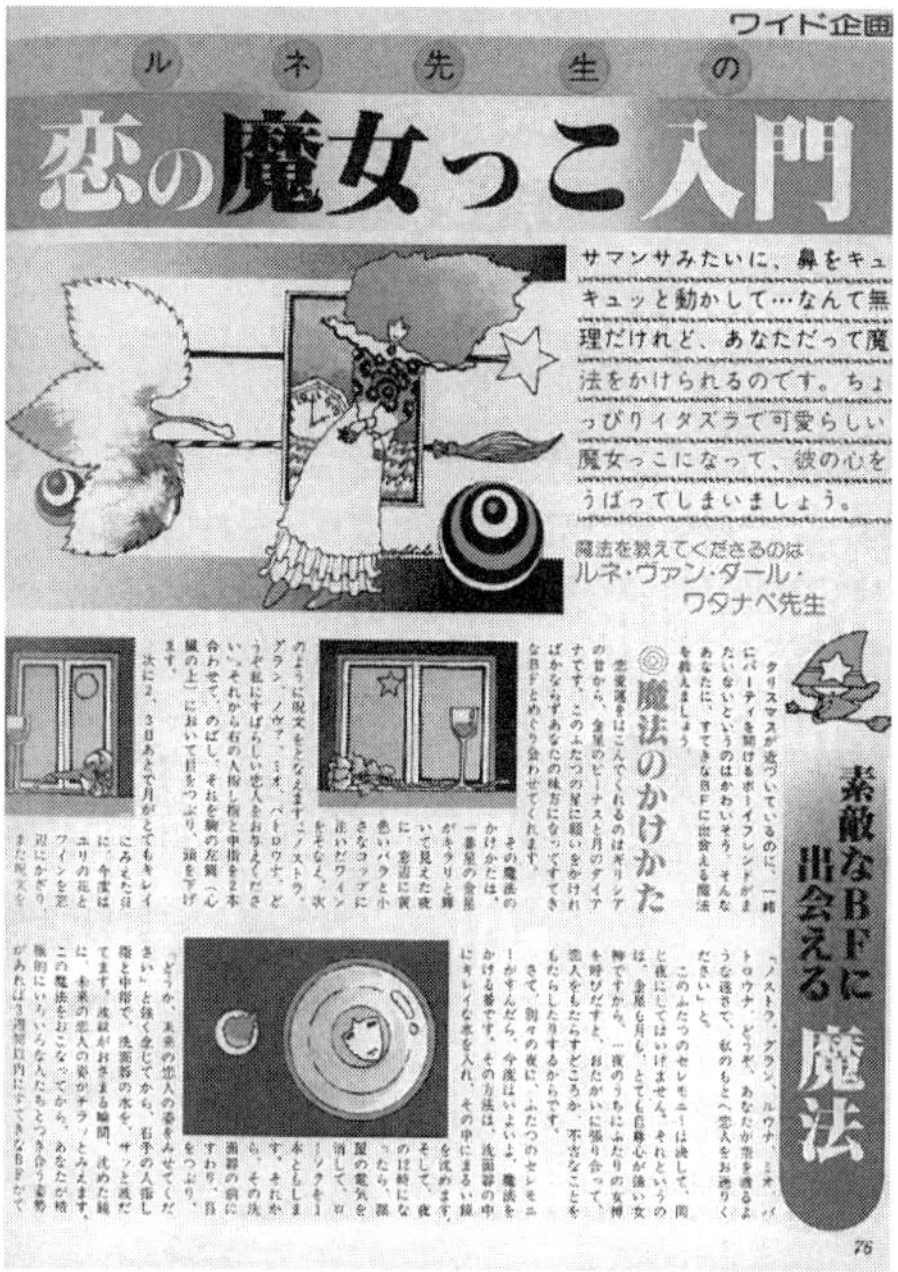


図2　「恋の魔女っこ入門」
（出典：「マイバースデイ」1979年12月号、実業之日本社、76ページ）

女」の理想像をよく示している。この記事でルネは次のように述べている。

なにしろ本格的な白魔女というのは、自分の人生をなにものにもわずらわせることなく、実にのびのびと暮らしています。それもそのはず、白魔女は厳しい訓練を経て大宇宙と小宇宙（自分自身）をすっかり調和させて生活していますから、すべて自然のままに動いていて無理がないのです。仕事も勉強もまるで水が流れるようにスムーズにこなしてしまうのです。当然、宇宙の恵みをうけて幸運体質を形成していますから、ふつうの人は白魔女のそばにいるだけで自然に心がなごみ、いつしか幸運の予感を感じられるようになるのです。白魔女は、自分でも気がつかないうちに、周囲の人びとや家族を幸福に導いているのです。（ルネ・ヴァンダール・ワタナベ「魔女っこテスト」「マイバースデイ」一九八一年六月号、六二ページ）

この記事からわかるように、「占い／おまじない」を習得することは「白魔女」になるための努力であり、それによる自己成長の経路として位置づけられている。「白魔女」とは、周囲の人々を幸福にして愛される人物像が、神秘的に理想化された存在にほかならない。他方で、当時流行した「こっくりさん」や「呪いの手紙」を繰り返し否定するなど、読者をルネにとっての正しい方向に導こうとする意図も垣間見られるのである。

ほかにもルネは、「占い／おまじない」に関して、海外での話題を紹介したり、魔女の歴史や神話、「ワルプルギスの夜」など魔女のイベントについてのコラムを執筆したりして、一九八〇年代の「マイバースデイ」にほぼ毎号登場し、「マイバースデイ」そのものを象徴する存在になっていく。また、八〇年から、魔女のマスコット「マイビーちゃん」が「マイバースデイ」に登場し、表紙や目次などでさまざまに使用されるようになったことからも、魔女のイメージがこのころの「マイバースデイ」では一つの世界観を示す役割を担うものだったことがうかがえる。

ただし、ルネ自身は「魔女っこ」は「白魔女」という理想像とそれに至る「魔女っこ」としての努力の重要性を説いたものの、その努力の内容を読者の少女たちの現実、とりわけ学校生活に結び付けることはなかった。その役割を担ったのは、ルネを「先生」と呼ぶ占い師のマーク・矢崎である。

## 4　努力としての「おまじない」

マーク・矢崎治信は当初、男性読者として恋が成就するための「おまじない」の記事を「マイバースデイ」に投稿していたが、それが注目を集めたことで一九七九年十一月号から読者投稿欄「ハローバースデイ」のなかで「マークの『魔女入門』」を、本誌休刊に至るまで担当することになった。[7]「魔女入門」以外でも、さまざまな記事を執筆したり、さらには読者からの「占い／おまじない」の提案にアドバイスしたりするなどして、人気を集めた。また、読者プレゼントである「おまじないペンダント」の作成に関わったり、「マイバースデイ」による「占い／おまじない」の専門店「魔女っこハウス」開店のきっかけを作ったりもしている。これらの点については次章で詳述したい。

「マークの『魔女入門』」は読者が寄せるさまざまな悩み、例えば恋愛、いじめ、友情、将来についての不安などにマークが助言をしたうえで、それぞれの悩みに効果的な「おまじない」を紹介する形式をとっている。例えば、一九八六年四月号の「マークの魔女入門・特別版」では、「つきあっている彼が部活でミスしてしまい、監督から暴力を振るわれて落ち込んでしまったので、力になってあげたい」という相談が寄せられている。マークはそうした悩みに対して「男の子はね、いくつになっても甘えん坊なんだ」と述べ、投稿者のやさしさを褒めたうえで、男の子はプライドが高いので部活（部活動）については直接に口を出さず、そばにいてあげるだけでいいとアドバイスする。そして、彼が立ち直るためのマスコットに護符を入れて贈るというおまじないの手順を図入りで紹介している。マークが紹介するおまじないは紙や布を使用した手作りのものが多く、また、学校にも携帯できるものが中心になっていることに特徴がある。

もっとも、マークは読者に対して厳しい言葉も投げかけている。例えば一九八六年八月号に掲載された「中学校にみんなから嫌われている先生がいるので、遠くへ転任するようなおまじないを教えてほしい」という相談に対して、次のように応じている。

あのね、ひとみクン。おまじないっていうのは大きな宇宙の流れのパワーをつかって、奇跡を起こすものなんだ。その宇宙の流れっていうのは、みんなが平等に暮らせるようにと生まれ、はぐくみ、発展する方向に流れている。つまり本当の意味で「おまじないの力」がつかえるのは、何かを生み出し、みんなの幸福へと発展していく、前向きの願いだけなんだよな。でも君の希望ときたらただ自分たちがキライだからって、その先生をどこかへ追いやってしまうというのだろう。マークはそんなわがままな黒魔術、教えられないな。（マーク・矢崎治信「マークの『魔女入門』」「マイバースデイ」一九八六年八月号、一一四ページ）

そのうえでマークは、「毛ギラいする前に、その人のすべてを見て欲しい。その人のすべてを理解しようとして欲しい」と呼びかけている。さらに、先生の言い分を聞くための護符の作り方を紹介して、先生に積極的に質問しにいくことでいい関係を築くことができると説いている。このように、マークの紹介するおまじないの手順そのものは実行が容易であるものの、おまじないによって促される行動そのものについては、むしろ困難に正面から向き合うことを推奨している。また、マークに寄せられる相談は学校での人間関係に関するものが多いのも、一つの特徴といえるだろう。

マークの「占い／おまじない」に関する考えは、一九八八年十月号の「マークの魔女入門特集」で「ルネ先生を先生だと思っている」と述べていることからわかるように、ルネに大きく影響を受けている。そのことは、誰からも好かれる「白魔女」の理想像をマークもまた理想としていることや、「それを使って本当に自分を変えたいと願う、真剣さや努力」が「占い／おまじない」では重要と主張していることからもうかがえる。もっとも、マークは「白魔女」という理想像に至る「占い／おまじない」を、学校生活での読者の悩みに立ち向かう実行可能なものとして紹介してきた。

こうしたことから、マークによる「占い／おまじない」とは、ルネが理想とする「白魔女」と読者の現実とを結び付けるものだったといえるだろう。

他方、こうした「占い／おまじない」は、読者自身も学校生活に持ち込めるものとして自ら作り出すようになり、雑誌側はそれを誌面で紹介するなどして、読者の間で積極的に共有されていくようになる。読者による「占い／おまじない」の受容と共有については別の章で詳しく取り上げるが、ここではその全体像についてふれておきたい。

## 5　読者と「マイバースデイ」

「マイバースデイ」は誌面で、さまざまに読者を取り込む方針をとっていた。例えば、「マイバースデイ」の会員制度である「MBメイト」がその一つである。これは、申し込めば誌面に名前が載って、名前を記したカードが特典としてもらえるようになっている。さらに、「MB読者の集い」というイベントが一九八一年四月から定期的に開催されるようになった。これは、ルネなど誌面で人気がある占い師の講演会や個人鑑定、「MBメイト」支部長による活動報告や参加の呼びかけなどによって構成されたものである。「マイバースデイ」の復刻版によれば、第一期の会員数は三万人であり、第一回の「読者の集い」には六百人が集まったとされている。この「MB読者の集い」は誌面で活動内容を詳しく報告している（図3）。このように、誌面を通してだけでなく、読者は直接に占い師と接する機会をもてるようになっていた。

誌面で読者が重要な役割を担っていることについては、特に読者投稿欄「ハローバースデイ」の存在からうかがわれる。当初は学校での出来事や恋愛について読者同士が語り合う場として設けられたものだったが、やがて読者が友人から聞いたり、自分で創作したりした「占い／おまじない」についての情報を寄せるようになると、「マイバースデイ」で特集が組まれ、雑誌のなかでも主要な位置に置くようになる。読者投稿欄については第4章「一九九〇年代「マイバースデイ」の「占

MBホット情報

第4回

MB読者の集い夏休み名古屋大会

暑さも吹っ飛ぶ大盛況！

中高生を中心に500名の読者で会場満員

先生方のお話あり、サイン会あり、個人鑑定あり、プレゼントあり……と、盛りだくさんの1日でした。

朝6時から並んでいた先頭グループ

個人鑑定コーナーで悩みを相談する読者

あなたも支部活動に参加しませんか

人気のマークさんのおまじない実践教室

先生方のサインに読者も感激

サヨウナラ、また会いましょう

124

図3　「MB読者の集い」の誌面
（出典：「マイバースデイ」1982年11月号、実業之日本社、124ページ）

い／おまじない」」で詳しく検討するが、ここでは読者の「占い／おまじない」をめぐる投稿の概要を中心に、「マイバースデイ」での位置づけにふれておきたい。

一九八二年八月号でマークが監修した特集「私の知っているおまじないベスト30」は、投稿欄に掲載された「占い／おまじない」についての記事を集めたものである（図4）。この特集の冒頭には、一九八一年十一月号の「ハローバースデイ」に掲載した「魔子」と名乗る読者からの投稿を再掲し、それが読者の反響を大きく読んだことを紹介している。その内容は、「電話の受話器を取り、

図4 「私の知っているおまじないベスト30」
（出典：「マイバースデイ」1982年8月号、実業之日本社、63ページ）

○（ゼロ）番にかけて呪文を唱え、片思いの男性に電話することで両想いになれる」というものである。同じ特集記事では、読者が寄せた「恋愛を成就する」「テストで好成績を上げる」「しゃっくりを止める」といったおまじないの数々を紹介している。

「おまじない」に使用する道具は、ペン、リップクリーム、消しゴムから学校の制服に至るまで、少女たちの学校生活の身近なものからなっている。また、こうしたおまじないを実践した読者からの報告も載せている。こうした投稿では「おまじない」が実際に効いたとする内容のものだけでなく、なかには手順を間違えて効果がなかったり、実行したけれども自分自身の行動力や勇気を出すといった努力が足りずにうまくいかなかったという報告も見られる。

読者が紹介する「占い／おまじない」からは、ルネやマークが示す「白魔女」の理想像や、それにまつわるメッセージを読み取ることはできない。しかし、読者自身が学校生活で直面する問題や、恋愛や友情といった人間関係に対して「占い／おまじない」をもって対応しようとする姿勢が見られる。さらに読者の投稿からは、「占い／おまじない」の効果や真偽というよりも、むしろそれを実行する過程での自分自身の努力が重視されていることを読み取ることができる。こうしたことから読者もまた、自作の「占い／おまじない」をルネやマークがいう努力の過程と重ね合わせていることが推測できるのである。

## 6 「マイバースデイ」の世界観

ここまで、一九八〇年代に出版された「マイバースデイ」の全体像を概観したうえで、そこでの「占い／おまじない」の取り上げ方の特徴を整理してきた。ここからは、これまでの議論を整理し、あらためて「占い／おまじない」が少女たちに対してどのような役割を示してきたのかを検討する。

「マイバースデイ」は、一般のライフスタイルに関する記事も取り上げた。そうした記事では、美容やファッションに気を配るだけでなく、学校という空間のなかで直面する恋愛、友情といった人間関係や、将来について考える内容にもなっている。また、衣食住など身の回りのものを自分自身の手で作るための手引を示したりしているのも、大きな特徴として挙げられる。他方で、「占い／おまじない」に関する記事は、占星術の鑑定結果や専門知識を中心とした読み物としての記事と、実際に読者が「占い／おまじない」を実行するための手引としての記事からなっている。こうした記事の多くは、誌面で人気がある占い師が中心になって執筆したものである。

そのなかで、重要な役割を果たしたのがルネだった。ルネは、宇宙や自然の力を身に付けることで周囲を幸福にして、愛される存在になるとする「白魔女」の理想像を示した。そのうえで、「占い／おまじない」を「白魔女」の理想像に向かうための努力として位置づけ、その「占い／おまじない」を実行する読者を「魔女っこ」と表現した。こうした考えは読者の支持を受け、ルネは「マイバースデイ」のいわば教祖的な役割を担うようになる。さらに、ルネを誌面で「先生」と表現するマークは、読者が寄せる悩みについて、読者自身がそれに正面から向き合うことを説くことで、努力の価値をさらに強調してきた。そして同じく、「占い／おまじない」を、努力を促すものとして価値づけてきたのである。このことから、マークは読者とルネが理想像とする「白魔女」とを結び付ける、いわば教師としての立場に位置づけられてきたことを読み取ることができる。

ただし、「マイバースデイ」は占い師と読者とのタテの関係性だけを形成してきたのではない。会員制度や、実際に占い師やほかの読者たちと出会える「友の会」、さらに雑誌への投稿を通して「占い／おまじない」を紐帯とするゆるやかな共同体を形成していたことがうかがわれる。さらに、読者が紹介する「占い／おまじない」の記事からは、これらが願いをかなえたり、目標を達成する努力を後押ししたりするものだとする価値観を内在化し、ほかの読者とその価値観を分かち合う姿勢が見られる。ライフスタイルの記事にも、学校を中心とする日常で自身を向上させたり、学校での人間関係に向き合うことを後押ししたりする内容となっていることから、根底には「占い／おまじない」と同じ価値観が貫いていることがわかる。

以上の内容から、「マイバースデイ」は周囲を幸せにすることで周囲から愛される「白魔女」を理想として掲げ、その理想像に向けて読者が「魔女っこ」として努力することの重要性を読者に示してきたといえる。そして「占い／おまじない」とは、こうした世界観を内面化し、具体的な努力をすること、学校という空間を自身の成長のための場にする役割をもつものだったと考えられる。

したがって、「マイバースデイ」の「占い／おまじない」は、人間関係の軋轢が生む「重い」人間関係を回避するための「認識のための地図」の役割を担うものではなかったと言える。むしろ、「占い／おまじない」とは、学校を中心とする複雑な人間関係と「重さ」をいとうことなく、それらと能動的に向き合う過程に、神秘的で超越的な意味を与えるものだった。そのことで、軋轢が生じてもそこから逃げるのではなく積極的に立ち向かい、乗り越えるに至る努力を続けることの重要性を説いた。そして、こうした「占い／おまじない」は、学校生活で実行するものとして設定されることで、学校という空間を、精神的に成長を遂げるためのいわば修養の場として作り変える役割を果たしてきたと言える。また、同じく「占い／おまじない」によって修養に励む仲間の存在が誌面に示されてきたことも大事な点である。

## おわりに

以上のことから、一九八〇年代の「占い／おまじない」は、個人を重視するものというよりは誌面を通していわば宗教的な空間を作り出していた、と言ったら言い過ぎだろうか。他方で、この「マイバースデイ」における「占い／おまじない」の内容から見えてくるのは、少女自身が学校という空間に何とかして適応しようと努力していたこと、また努力の方向性を獲得しようとしていたことである。そして学校に適応するために、努力のほうに価値づけを必要としていたのではないか、ということである。同じファンタジーに属する存在でありながらも、基本的には人から愛される存在である「お姫さま」ではなく、歴史的には社会から疎外された存在である魔女が雑誌を象徴するモチーフとなっているのも、その現れだと言えるだろう。

この特徴をさらに掘り下げてみると、「マイバースデイ」やその読者である少女たちにとって、学校の空間での「少女らしい」振る舞いがさらに重要視されていることが見えてくる。この点について、次章では「マイバースデイ」を構成する要素の一つである「手作り」に着目して、さらに検討を進めたい。

注

(1) 前掲『祈るふれあう感じる』二一六ページ

(2) 同書二二四―二二五ページ

(3) 発行部数に関しては、国立国会図書館による「第86回常設展示「占いあれこれ」」(一九九八年一月二十七日―二月二十一日) の資料から引用している。詳しくはこの展示を参照のこと (https://rnavi.ndl.go.jp/kaleido/tmp/86.pdf)［二〇一七年八月二十八日アクセス］。

(4)「スピリチュアル・ブーム」の影響を受け、二〇一二年と一三年にそれぞれ一号限りで「マイバースデイ」が復刊された。これは表紙に「大人になった少女たちへ！」とあるように、かつての読者に向けて主に一九八〇年代の「マイバースデイ」を振り返る内容となっている。「マイバースデイ」は休刊後、占い情報を中心とするウェブサイトを開設している (「My Birthday Happy Web」［http://mbhappy.com/］［二〇一八年八月二十八日アクセス］)。

（5）MBは「マイバースデイ」の略称である。

（6）ルネ・ヴァンダール・ワタナベは、彼が創設したルネ・ヴァン・ダール研究所のウェブサイトによると、一九四二年生まれの西洋占星術を中心とした占い師であり、学習院大学文学部卒業後にイギリス滞在を経て活動を始めた、とある。「マイバースデイ」のほかにも多くの著作を出版するなどの活動をおこない、日本占星術協会の副会長も務めている。なお、本名は渡辺幸次郎といい、二〇一一年十一月に没している（http://www.rene-v.com/profile/prof_rene.html）［二〇一八年一二月十七日アクセス］。

（7）マーク・矢崎は、二〇一二年に復刊した「マイバースデイ」によれば、一九五九年生まれ、独学で神秘学などを修めたあと「マイバースデイ」で連載を始めている。現在は、新聞や雑誌、ウェブサイトなどで活動している。

# 第3章　「マイバースデイ」における「手作り」と少女

## はじめに

一九八〇年代に、少女たちを主な担い手として広がった「占い／おまじない」ブームでは、神秘的・超越的な力を取り込んだとされる「おまじない」グッズが重要な役割を担っていた。この時期には、寺社で売っているお守りだけでなく、少女たちにとって身近な小物であるキーホルダー、シールや文房具といったものが「おまじない」としての要素をもつことで人気を集めた。

だが、既製品の「おまじない」グッズだけでなく、このころは自分で材料を用意して、自らの手で製作する手作りの過程そのものが広まっていたことにも注目する必要がある。「おまじない」を手作りする手引は、雑誌や書籍を通して紹介された。そうした手引には、神秘性を取り込むための、いわば魔術の儀式としての要素が見られる。同時に、手作りの手引では、その作り手である少女たちの、かわいらしさ、優しさや美しさといった「少女らしさ」が強調されていることも特徴として挙げられる。

本章では、一九八〇年代の「占い／おまじない」の人気について、「おまじない」グッズの手作りという過程が重要な意味を担っていたことに注目して検討する。そのため、引き続き雑誌「マイバースデイ」を取り上げていく。

具体的な検討に入る前に、一九八〇年代の「占い／おまじない」ブームを論じたもののなかでも、「おまじない」を取り上げたものに絞って先行研究を検討し、論点を整理しておきたい。歴史的・民族学的な観点から、八〇年代の「おまじない」と伝統的なまじないとの相違を指摘するものとして、神崎宣武によるものが挙げられる。神崎はかつて、日本には悪鬼邪気を除去するまじないとしての「祓え」が日常に浸透していたことを取り上げている。科学が発達した明治以降は、病魔に対するまじないが姿を消したものの、そのほかのまじないは「遊戯化」することで社会に残った。なぜなら、科学や宗教では駆逐できない社会に内在する不安を、まじないは安心へと転換して癒やしてきたからだ、と神崎は述べている[1]。

他方で、一九八〇年代の消費社会との関連に注目した大塚英志は、八〇年代の「おまじない」グッズの特異性を強調している。大塚は、「おまじない」グッズが少女たちにとって身近な小物を素材として作られていることに着目し、それが当時、同じく少女たちの人気を集めた「かわいい」デザインの「ファンシーグッズ」と呼ばれる小物たちと共通していたと指摘している。大塚は、「かわいい」特徴をもつ「おまじない」グッズについて、それが消費社会で他者との差異を強調するために、記号化した消費財となったモノが、呪具としての性格をもつようになった事象だとしている。[2] そのうえで、「おまじない」グッズは「現実から遊離」する「切り離された」空間を作り上げて、当時の少女マンガが示すような純粋な物語世界をもたらし、自分たちを現実の「ケガレ」から守るものとして少女たちに受け止められたと述べている。[3]

このように、一九八〇年代の「おまじない」ブームに注目する議論には、宗教が消費社会のなかに組み込まれた結果としてとらえたものと、主役である少女たちにとって身近なモノに注目して、「おまじない」を消費の延長上にあるものとして論じているものとがある。ただし、双方の議論とも、「おまじない」が消費財に結び付くことで、それを消費する少女たちに対して社会や他者のなかでの居場所を作り出し、外部との差異を際立たせる役割をもたらすとしている点で共通している。しかしこうした議論でも、「おまじない」グッズが手作りされてきたことや、その意味は見落とされている。

雑誌「マイバースデイ」も、当時の少女たちが好むような、かわいらしさを強調した小物の延長としての「おまじない」グッズの数々を誌面で取り上げてきた。また、付録、「読者プレゼント」、通信販売や店舗を通して、少女たちの手に直接、届けてもきた。「おまじない」グッズを手作りするための手引が詳細に紹介され、さらには「おまじない」とは直接関係がない日用の小物、菓子、家具や親しい人々へのプレゼントを手作りする方法を掲載していたことも、雑誌の特徴として挙げられる。そして、こうした「おまじない」グッズを手作りする手引からは、少女たちが「おまじない」を自らつかさどることで自分自身の願いをかなえるという、主体的で能動的な姿勢を培っていたことが垣間見える。
では、「おまじない」グッズを手作りする過程にはどのような意味が込められていて、手作りする「おまじない」グッズはどのような価値を有するものとされたのだろうか。この点を検討するために、一九八〇年代の「マイバースデイ」の記事にあらためて注目する。

## 1 「ライフスタイル」と「手作り」

第2章でもふれたように、「マイバースデイ」には、ライフスタイルに関する記事として、洋服や身の回りの小物といったファッション、スキンケアやヘアアレンジといった美容についての記事、歯磨きや生理といった健康にまつわる記事などが掲載されている。ただし、化粧品についての記事は少なく、あくまで十代という年齢にとっての身だしなみの範疇にあることがうかがわれる。

ほかに、菓子や料理、家具などの「手作り」を紹介する記事を掲載している。例えば、創刊号から連載していた「物語シリーズ」では、下着やストッキング、文房具、アクセサリーといった、少女たちにとって身近なモノについて、それらをめぐるエッセーや商品紹介のカタログのほか、自分で作ったりアレンジしたりするための手順を紹介している。一例を挙げると、一九七九年の創刊号掲載の「ブラジャー物語」では、ブラジャーの歴史と日本での広まり方を紹介し、バストの測り方やブラジャーの選び方・洗い方のほか、「手作りのブラジャー」という題で、既製品のブラジャーに好きな相手のイニシャルを縫い付けるとか、古くなった下着を紅茶で染め直す方法の手順も載せている。

さらに、一九八二年二月号から不定期で掲載した「MB手づくりルーム（アイデアルーム）」では、ビーズ刺繡や人形、ポプリ、セーターや家具といったものの作り方を紹介していて、完成品の写真や、それを作るための材料や手順、型紙なども収められている。一九八三年三月号では「一日大工さんのすすめ」という題で、家具を新しく作ったり古くなった家具をリメイクしたりする手順や、ノコギリ、ドリル、塗料といった道具のそろえ方、粗大ゴミや廃物利用による材料の集め方などがイラストとともに解説されている（図5）。

こうした記事は少女たちの日常生活に関わるトピックを扱ったものだが、「占い／おまじない」と無関係というわけではない。例えば一九八三年五月号には「MBインテリアレッスン私の部屋ひとり暮らし気分」という題で、自分の部屋を改装する方法が特集されている。具体的には、部屋を整理整頓したり、布などで統一感を出したりする方法、さらにはふすまを改造して洋風にする方法や、プランターを作る手順などを取り上げているが、こうした記事には、ふたご座やみずがめ座の人はシンプルなカバーを付けたベッドがいいとか、おとめ座の人には小花柄のふとんがいいといったような記述を添えている。また、占い師であるルネ・ヴァンダール・ワタナベが部屋のデザインとの相性を占うコーナーも設けている。

手作りの手引を「マイバースデイ」が掲載していたのは、一九八〇年代当時にはまだ、身の回りのものを手作りすることが一般的だったという社会的背景も影響しているだろう。だが、理由はそれだけではない。手作りについての記事を数多く掲載したのは、魅力的なライフスタイルは既成品の消費によってではなく、自ら作り出したモノによってこそ生み出されるというメッセージを少女たちに伝えようという、積極的な姿勢を同誌がもっていたからではないだろうか。そしてそのなかに、「おまじない」としての意味が入り込んでいるのである。

では、「マイバースデイ」の「占い／おまじない」にまつわる記事では、手作りはどのような意味合いをもっていたのだろうか。だがこの点を検討する前に、既製品の「おまじない」グッズにつ

かんたんインテリア
春休み1日大工さんのすすめ
ポカポカあたたかな春休みの1日を利用して、日曜大工さんのマネごと、してみませんか。マネごとといっても、材料さえ上手に使えば、立派なものができるんですよ。
1 本体は何を使えばいいの?
2 材料の入手方法を教えて!
3 これだけは揃えたい道具たち
4 作業するときの服装は?

図5 「1日大工さんのすすめ」
（出典：「マイバースデイ」1983年3月号、実業之日本社、87ページ）

いても整理しておきたい。

## 2　「マイバースデイ」の「おまじない」グッズ

「マイバースデイ」では、既製品の「おまじない」グッズも多く紹介されていた。また、「おまじない」の役割を果たす幸運を呼ぶシールや、魔除けのお札といったものなどが付録として添えられてもいる。

一九八二年三月号には、執筆陣の一人である占い師のマーク・矢崎治信が作成したという「おまじないペンダント」が、応募すれば必ずもらえる「読者プレゼント」として登場している。これは、マーク自身が発見したという古代の魔法陣「TRAPS」という文字とともに、応募者の名前を刻印したペンダントで、「マイバースデイ」を代表する「おまじない」グッズの一つになった。この「TRAPSペンダント」の人気をきっかけに、「マイバースデイ」は「妖精ペンダント」「スカラベペンダント」「ソロモン王ペンダント」といったグッズを展開し、雑誌を通して通信販売をおこなうようになる（図6）。さらに、一九八八年六月号には編集部がある新宿区・早稲田と港区・原宿に、「占い／おまじない」グッズの専門店である「魔女っこハウス」開店の記事を掲載している。見た目のかわいらしさや手頃な値段から読者の人気を集め、当時の写真を見ると、「魔女っこハウス」は最寄りの地下鉄駅から行列ができるほどの人気を博し、地方からの修学旅行生に人気のスポ

図6　おまじない入りのペンダントの通信販売
（出典：「マイバースデイ」1982年11月号、実業之日本社、125ページ）

ットにもなったとされている。

だが、「おまじない」グッズは、読者が自ら手作りするものが「マイバースデイ」の主軸だった。なかでも「マイバースデイ」を象徴する占い師というべきルネ・ヴァンダール・ワタナベは、魔女のイメージを取り込んだ「占い／おまじない」の手引を多く紹介している。ルネが人気を集めるきっかけになった一九七九年四月号の「恋の魔女っこ入門」では、「言葉をかわしたことのない、あこがれの彼と話すきっかけをつくる魔法」として、ローソクを赤く着色し、ハート型に型抜きして相手と自分のイニシャルを刻んだものを持ち歩くという内容を紹介している。ルネは、このような「おまじない」グッズの作り方を数多く紹介している。

ルネが紹介する手作りのモノのなかには、第2章で見た「魔女っこ」として心身を鍛えることを目的としたものもある。例えば「魔法の道具と作り方I」と副題を付けた一九八〇年四月号の「魔女っこ入門」では「法力を集中させるための〈魔法杖〉とは?」と題して、真っ直ぐな枝にやすりをかけて、黒く塗ったあと布に包んでおくという手順を紹介している（図7）。同じ記事には、白

図7　「法力を集中させるための〈魔法杖〉とは?」
(出典:「マイバースデイ」1980年4月号、実業之日本社、87ページ)

魔術を身に付けるために白い布を筒状に縫い合わせた「フェアリー・ドレス」や、庭や植木鉢に紙で作った札を差して自然から魔力をもらう「〈魔法の花園〉」の作り方などを紹介している。ルネによれば、こうしたものは「大宇宙からの予兆や啓示を受ける」魔法使いとなるために用いられる「聖き精霊の祝福をうけた道具」であり、「運動部に入るくらいのガッツ」を与えてくれるという。

他方、「TRAPS」だけでなく、読者の具体的な悩みや目的に合わせて手作りの「おまじない」グッズを提案してきたのがマーク・矢崎である。すでにふれたように「魔女入門」では、読者からの投稿にマークがコメントしたうえで、効果的な「おまじない」グッズの作り方を紹介したりしている。こうした「おまじない」グッズは、呪文を紙に書いた札だったり、幸運を呼ぶためにカバンにしまうポプリ入りの袋だったり、製作が難しくないものがほとんどだった。このような「おまじない」グッズを自作する意味について、マークは一九八八年十月号の「マークの魔女特集」で次のように述べている。(4)

僕はただおまじないをやるだけで、お願いがかなったり、幸せになれるもんじゃないと思っている。おまじないの本当の力をひきだしてくれるのは、うわべのしぐさや言葉、お守りではなく、それを使って本当に自分を変えたいと願う、真剣さや努力だと思っている。だから「魔女入門」はおまじないの記事より前書きのほうが長いんだ。(マーク・矢崎治信「マークの魔女特集」「マイバースデイ」一九八八年十月号、一二九ページ)

マークが紹介する「おまじない」グッズの作り方が比較的簡易なのは、「おまじない」グッズを製作すること自体よりも、その前後の心構えを重視しているからである。だが、すでに述べたようにマークはルネの影響を大きく受けていて、「おまじない」グッズを自作するのは、恋愛や友情などの悩みごとに正面から向き合い、相手を思いやる人間性を培うためだととらえる点で共通している。そして、「おまじない」グッズを手作りする行為に神秘的な儀式としての色合いを添えるのは、願いごとの成就に向かって努力することを後押しするためであることも、両者に共通する点である。

こうした特徴は、第2章でふれた読者による「おまじない」グッズの提案にも影響を与えていることが見て取れる。

ここまで、「おまじない」グッズの手作りについて、ルネとマークによるものを紹介してきた。他方で、「おまじない」グッズの手作りについて、その意味や価値をさらに発展させた占い師として、エミール・シェラザードが挙げられる。エミールが紹介する「おまじない」グッズは「少女らしさ」が強調されているだけでなく、プレゼントとしての役割が与えられることで、具体的な相手にはたらきかける役割を担っていることに特徴がある。では、エミールが紹介する「手作り」の「おまじない」グッズとはどのような意味をもつものだったのだろうか。この点について、次に整理していきたい。

## 3　エミール・シェラザードによる「おまじない」

エミールはマーク・矢崎と同じくルネを「先生」と呼んで、東洋占星術と西洋占星術を専門とする占い師として誌面に記事を掲載してきた。一九八六年五月号からは「マンスリー・ホロスコープ」を紅亜里から引き継いで担当するようになり、誌面の中心的な占い師となっていく。また、「占い／おまじない」とは直接関係がないヨーロッパ旅行記やディズニーランドの紹介記事なども執筆していることから、読者の人気を多く集めていたことがうかがわれる。

エミールが注目されるようになったのは、一九八一年九月号の「妖精伝説」という記事によってである。この記事では、ヨーロッパの妖精の歴史が童話のような語り口で語られていて、イラストレーターのまつざきあけみによる妖精の絵が添えられている。エミールはさまざまな妖精について紹介したうえで、最後に「妖精と友だちになるには」という題で、花冠を作って呪文を唱えたり、ごちそうを用意したりして妖精を招くことで願いをかなえるという方法を紹介している。こうした「おまじない」は、少女向けにかわいらしさや美しさが強調されているだけでなく、妖精が存在しているかのような物語を日常に組み込む役割をも果たしている。

さらに、妖精のモチーフはライフスタイルを扱う記事にも貫かれている。例えば、一九八二年八月号の「MB手づくりルーム」では妖精の人形の作り方を掲載しているが、その記事は「手づくりフェアリーのおまじない入りマスコット人形」と題して、フェルトや毛糸などの材料を用意して製作する手引を型紙とともに紹介する内容である。製作の手引は人形作家によるものだが、記事のなかにはエミールが書いた、人形を「おまじない」に用いる手順も付されている。その手順は、人形のなかにフェルトで作ったハートを埋め込み、相手にプレゼントするといったものである。

相手にプレゼントする「おまじない」グッズとして紹介されているのが、料理のレシピである。レシピでありながら、ここでも記事にまつざきあけみによる妖精のイラストが添えられているのは一つの特徴を示すものといえるだろう。一九八二年五月号の「妖精たちのおまじないクッキング」では、花の妖精をモチーフにした菓子や料理の作り方を紹介している。そのなかの、「バラの精ローザのオープンランチ」には、友達や好きな相手とピクニックに出かけたときに振る舞うための、オープンサンドやオレンジソーダの作り方を載せている。それによると、材料を奇数に切りそろえること、サンドイッチにのせるチーズはハート型に切ることで、妖精が喜んで力を貸してくれ、友達や好きな相手と仲よくできるという。

また、「カーネーションの精ピンクリンのアイスロール」では、アイスクリームで作るケーキのレシピを載せて、次のようなエミールの文章が添えられている。

ステキな恋がめばえたら、ズッとズッといっしょにいたい。この恋が、いつまでも続きますように。これは女の子ならだれでもみんな思うことですよね。こんなあなたの願いをかなえてあげる方法はないかしら？　カーネーションの妖精ピンクリンはとっても物知りですから、ある日エミールは聞いてみたのです。そうしたら、昔、ティタニア王妃とオペロン王が結婚したときにお祝いに出たアイスクリームケーキのことをそっと教えてくれました。（略）だから、あなたも彼が遊びに来た時に、おやつになったら、何気なくすすめてみない？　ひと口食べて、彼が「うん、とってもおいしい」なんて言ってくれたら、すごく幸せの予感がしますよね。（エミール・シェラザード「妖精たちのおまじないクッキング」「マイバースデイ」一九八二年五月号、六二ページ）

このようにエミールが提案する「おまじない」は、かわいらしさや美しさを強調した少女向けの童話のような装いをまとっているだけでなく、友人や好きな相手とつながるためのプレゼントとしても提案されている。「マイバースデイ」では、エミール以外にもこうしたプレゼントとしての「おまじない」グッズがさまざまに紹介されている。

ここまで「マイバースデイ」での手作りについて、ライフスタイルについての記事と「占い／おまじない」の記事のそれぞれに分けて見てきた。ライフスタイルの記事では、日常での身の回りのモノを「手作り」することを推奨している。他方、「占い／おまじない」の記事では、「おまじない」という目的に特化したグッズの手引を紹介する記事だけでなく、「おまじない」を日常的なモノと結び付けた、プレゼントの作り方を紹介したりもしている。だが、これらの手作りは誌面でただそれとして個別に取り上げられるというよりは、学校での行事やイベントなどと関連づけて取り上げられる場合が多い。では、両者はどのように関連づけられたのだろうか。次に、この点について検討しよう。

## 4　イベントでの手作りと「おまじない」グッズ

「マイバースデイ」での手作りは、日常を彩るモノ、「おまじない」グッズそのもの、そして日用品でありながら「おまじない」と結び付けられたものと三つの種類からなっている。これら三種の手作りは、雑誌発行月の学校行事やイベントに合わせてまとまって示すことが多い。そのなかで最も目につくのが、二月のバレンタインデーである。

一九八四年二月号では「愛のバレンタイン特大号」と銘打ち、バレンタインにまつわるさまざまな記事を掲載している。「バレンタインの四大特集」というページでは、主にエミールによる記事を紹介しているが、その三つの手作りがバレンタインに合わせて並べられているのである。

特集の冒頭では、バレンタインに向けて「明るい方向をめざすひとつの手段としておまじないを活用」する「健全おまじない型」や、「集中的にパワーをそそぎこむ」という「集中おまじない型」などを分類して、読者が自分に最もふさわしいタイプの「おまじない」を見いだすのを助けるという、「あなたのおまじない体質発見チャート」を掲載している（図8）。次に、「バレンタインにそなえてかけるおまじない」として、「優雅になるアルテミスのロシアンティー」という、ティーカップにジャムを入れて月の女神に呼びかける「おまじない」や、二月十四日に相手と出会えるようにするための三色の糸で作る「愛とハプニングの三つ編みリング」などが紹介されている。

さらに、「気持ちを伝えるだけでいい」とか「おつきあいしたい」という目的に合わせた「バレンタイン・アタックのおまじない」や、失恋した場合に悲しみを封じ込めるため、壊れたネックレスの破片を小ビンに詰めて川に投げ捨てる「悲しみを閉じ込める真珠の小ビン」などを紹介する「アンハッピー少女のためのおまじない」なども取り上げている。また、バレンタインのあとに相手の受験や部活を応援したりする「おまじない」や、さらには、相手に飽きた場合に自然と距離を置くことができる「おまじない」など、バレンタインを中心にさまざまな人間関係を想定した「おまじない」が紹介されている。さらに、「おまじない」をかけたチョコレートのレシピも掲載している。

一九八五年二月号の「愛のバレンタイン特大号」では、「今日からがんばるバレンタイン」などと題して、プレゼントを渡す相手との関係の現状に応じた心構えや、笑顔をきれいに見せるスキンケア、風邪を予防する方法からチョコレートの選び方、相手の性格に合わせたプレゼントの渡し方までを、スケジュールとして詳細に記している。

さらに、記事のなかでは、「星座別 当日泣かないための勇気UPトレーニング」と題して、星座ごとに「ブルーのハンドタオルに毎日彼の名前を刺繍する」とか「ピラミッド型のダンボールを作

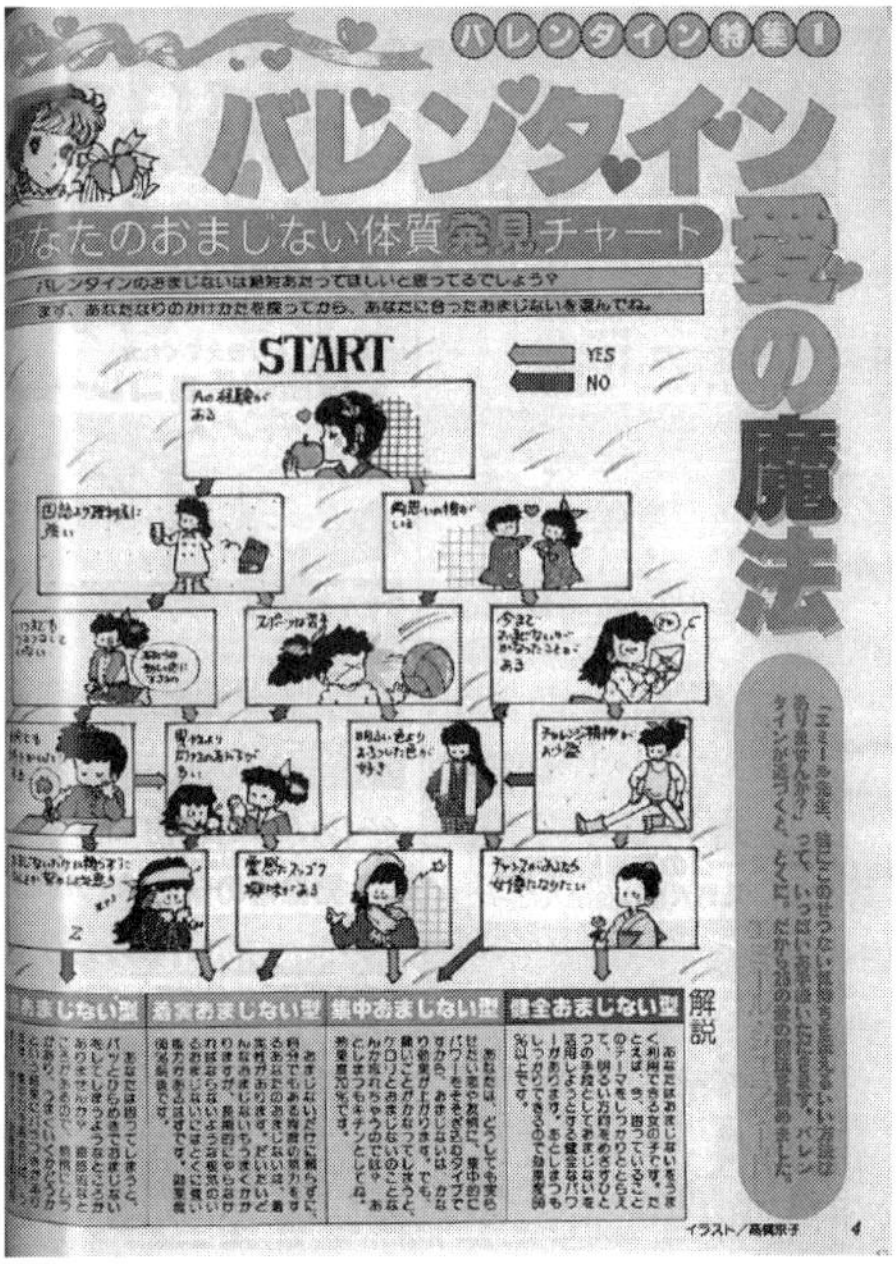


図8 「あなたのおまじない体質発見チャート」
(出典:「マイバースデイ」1983年2月号、実業之日本社、4ページ)

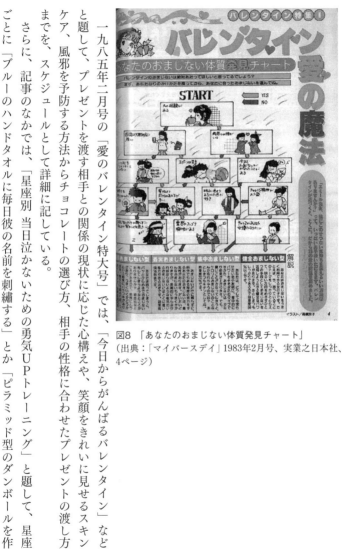

って、ペンダントを中に入れる」などの手順を紹介している。そして、特集の最後には、「チョコも大切。ラッピングだって重要。もちろん渡しかたもいろいろかんがえたいものだけど、何より肝心なのは、あなたの真心や思いを伝えることです」と記している。また、「星座別 これで彼のハートをノック・アウト!! 手づくりプレゼント」と題して、相手の星座に合わせたメガネケースやマフラーなどの作り方を「おまじない」の手順とともに紹介している。

もちろん、「おまじない」は恋愛のためだけのものではない。例えば、「マイバースデイ」は菓子

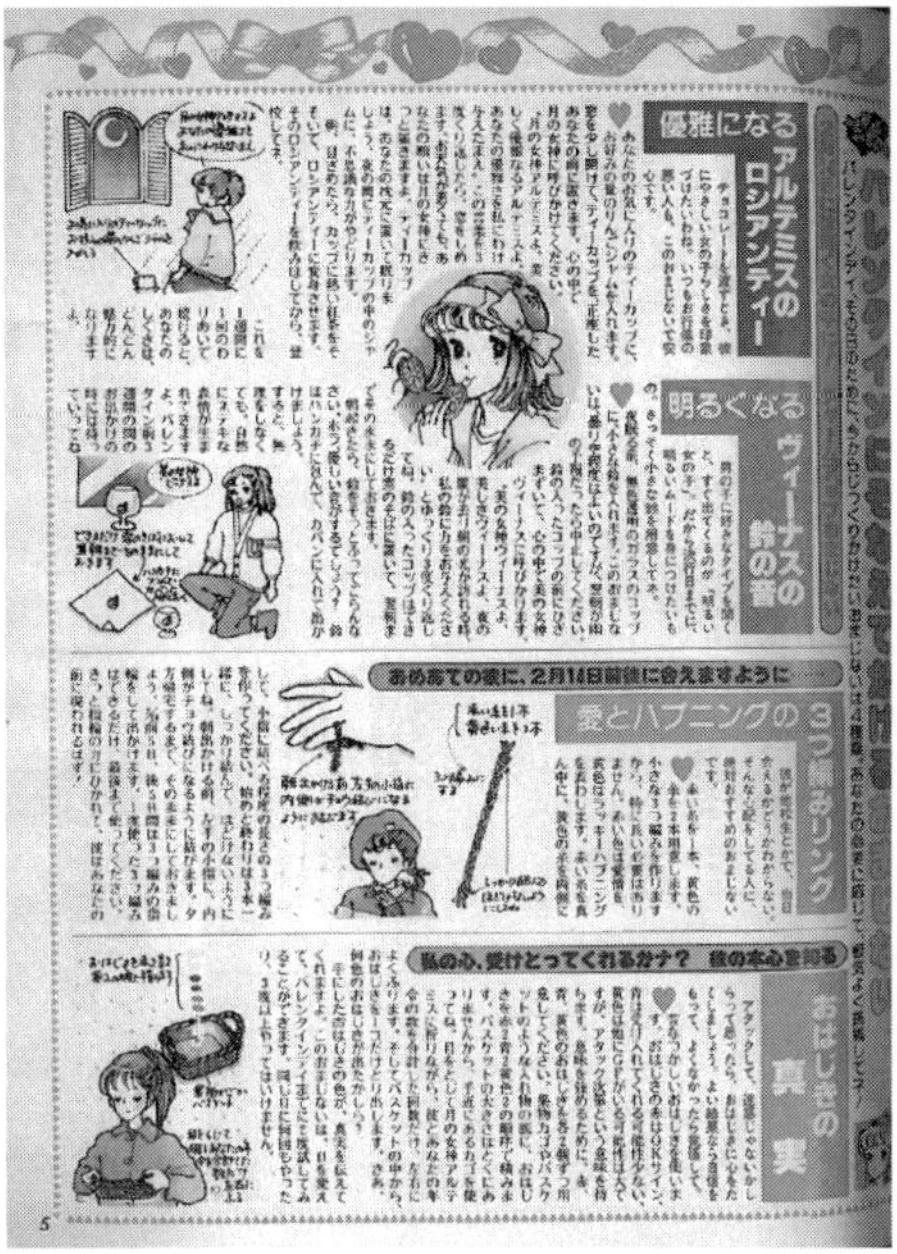
優雅になる
アルテミスのロシアンティー
明るくなる
ヴィーナスの鈴の音
あめあての彼に、2月14日前後に会えますように
愛とハプニングの3つ編みリンク
私の心、受けとってくれるカナ？ 彼の本心を知る
おはじきの真実

図9 「バレンタインにそなえてかけるおまじない」
(出典：「マイバースデイ」1984年2月号、実業之日本社、5ページ)

や小物の作り方を集めた増刊号「魔法の手づくりノート」をシリーズで出版しているが、そのなかで、例えば一九八一年一月増刊号では、筆箱やセーターといったものから、「おまじない」の道具として使う十二星座を模した、人形の作り方までを掲載している。こうしたものも、やはりプレゼントとしての役割を強調していて、冒頭で編集部が次のようなメッセージを添えている。

針と糸、あみ針と毛糸って、女の子にとって魔法の武器。そして、あなたは、魔法つかい。クリスマス、バレンタイン、お誕生日に、彼やお友だちにプレゼントしたいなって思ったら、ソク、この本を役立ててネ。取りあげた八十点の中から、きっとヒントがみつかると思います。
(「魔法の手づくりノート」「マイバースデイ」一九八一年一月増刊号、三ページ)

同じ増刊号には「魔法の時間」と題したコラムを掲載し、占星術に基づいた効果的なプレゼントの渡し方などを紹介している。この「手づくりノート」シリーズではまた、菓子のレシピに「おまじない」としての意味を与える手順や、願いをかなえるパーティーの開き方へのアドバイスなども掲載されている。

バレンタインデーに限らず、「マイバースデイ」は、人間関係が大きく変動する機会を積極的にとらえるように、毎号、時節に合わせた特集を組んできた。そこでは自分の魅力を高めたり、相手と正面から向き合うための下地を作ったりするためのものとして「おまじない」が位置づけられている。そして実際に、実用的な価値をもつ「おまじない」グッズをプレゼントしたり、「おまじない」が込められた菓子などを使ってパーティーを開いたりすることで、相手と積極的にコミュニケーションをとることが推奨されているのである。

## 5　「マイバースデイ」での手作りとその意味

以上、「マイバースデイ」では「おまじない」グッズの手作りをどのように取り上げてきたのかを見てきた。ここで、これまでの考察をふまえて、手作りはどのような意味をもっていたのかをまとめておこう。

「マイバースデイ」は、一般的な雑誌にも見られるようなライフスタイルに関わる記事も掲載していたが、そうした記事でもさまざまなモノが「手作り」されることを重要視していた。そのことから、読者が自身の手で理想とする装いをしたり部屋を作り上げることに重要な意味を、雑誌として付与していたことがうかがえる。また、手作りによってできあがるモノに対しても、かわいらしさや美しさを強調した、当時の少女たちが好むデザインを多用していたことも一つの大きな特徴である。

他方で、「おまじない」を扱った記事では、実際にすぐ使用できる「おまじない」グッズを付録として添付したり、「読者プレゼント」や「魔女っこハウス」などを通して読者の手元に届けたりしてきた。だが、ここまで述べてきたように、「おまじない」の記事で多くを占めているのが、グッズを手作りするための手引である。そして、この手作りの過程には、集めた材料から「おまじない」グッズを手作りする過程が、神秘的な力を呼び込む、いわば魔術の儀式としての意味が与えられている。そして、儀式を通して願いをかなえるための勇気や自信を内面化することの重要性を、占い師は強調しているのである。

したがって、「マイバースデイ」での手作りの役割は、大きく分けて二つあると考えられる。一つは、自分の部屋を改装したり身の回りを飾ったりすることで、自分の「世界」を自分で作り上げるという役割である。そのことで「少女らしい」世界観が強化される仕組みになっているのだが、特徴的なのはそこに「おまじない」の役割が組み込まれている点である。したがって、身の回りのモノを手作りすることは、神秘性を日常に取り込み、特有の世界を作り上げる過程として設定されている。

だが、「マイバースデイ」での手作りは、少女たちが固有の世界に閉じこもるためにあるのではない。手作りする「おまじない」グッズのなかには、好きな相手や友人に直接的にはたらきかけるプレゼントも多い。つまり、手作りは自分の「世界」を土台としながら、他者と向き合うためのものとしての役割も担っているのである（図10）。

プレゼントとしての「おまじない」グッズの手作りについて、もう少し詳しく説明しよう。ここでのプレゼントは、見てきたように「おまじない」としての意味が手作りの過程で付与されることで、普段と異なる価値が作り手である少女に与えられる。通常、プレゼントとは、自分の気持ちをモノに託して相手に渡すことで、何らかの成果を願望するという意味で、見返りを期待するものである。しかし、プレゼントとしての「おまじない」グッズは、見返りを求めずに愛情を示すことの価値が強化されている。つまり、プレゼントを贈るという行為、それ自体が目的化されていることに特徴がある。

そして、「おまじない」グッズを手作りして自分の「世界」を作り上げる役割と、「おまじない」としての役割と実用性とを兼ねたものをプレゼントすることは、イベントや学校行事で結び付けられている。特に、好きな相手に思いを伝えるバレンタインデーは、その傾向がひときわ強い。つまり、バレンタインデーである二月十四日に向けて、「おまじない」グッズを手作りすることで内面を磨いたり、相手に思いを伝えるだけの勇気を培ったりする。そのうえで、実用性を兼ねた「おまじない」グッズをプレゼントする過程を、連続して設定しているのである。さらに、恋愛が実ったあとに相手との関係を発展させたり、逆に失恋した場合に自分を慰めるための「おまじない」も紹介してい

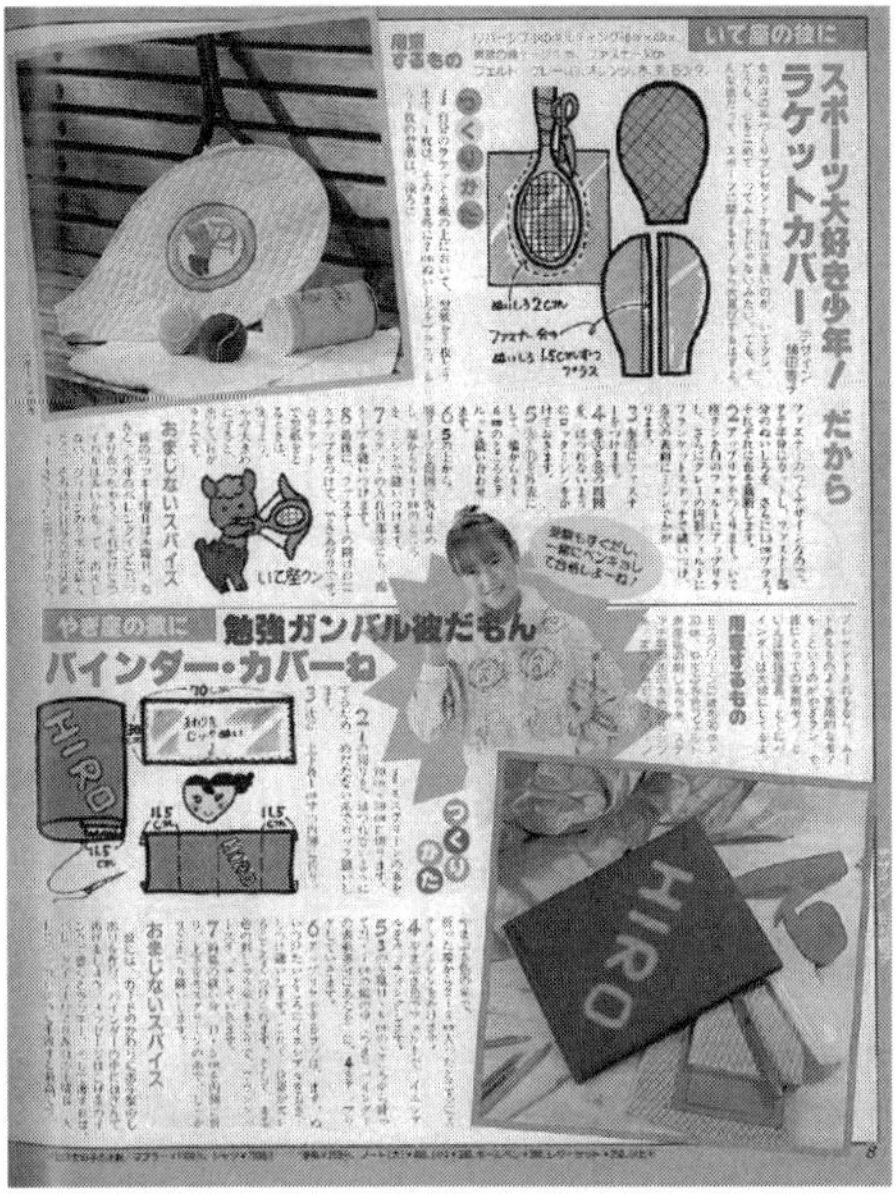


図10　プレゼントとしての「おまじない」グッズ
（出典：「マイバースデイ」1984年2月号、実業之日本社、8ページ）

る。

二つの手作りの「おまじない」グッズの関係性から見えてくるのは、それを実行する少女が自分の内面を磨き上げ、自分の「世界」を作り、さらに失敗を恐れずに相手と向き合うことで、自己の内面の成長が目指されているということである。したがって、手作りの「おまじない」もまた、学校という空間を自分を成長させるものへと書き換える役割を担っていたと言えるだろう。

だが、それだけではない。「おまじない」グッズを贈るということ、それ自体が神秘性を強化することへとつながるのである。この点について検討しておこう。

今村仁司はマルセル・モースが「贈与論」で展開した議論を手がかりに、「贈与」という行為について深く検討している。今村によれば、社会は人間関係での相互行為で成り立っていて、いうなればさまざまな交易の総体としてとらえることができる。その交易のなかで、人と人の間や、人と神との間で、無私的に自分自身を相手に与える行為が「贈与」である。言い換えれば、「贈与」とは聖なるものの存在を中心に、人と人との関係が形成されて、さらなる相互行為を促す契機をなすものだと今村は述べている(5)。

見返りを求めない手作りの「おまじない」グッズを贈るという行為は、その規模が小さいとはいえ、「贈与」の一つとして位置づけることができるのではないだろうか。そして、学校という空間のなかで「贈与」をおこなうことで、「おまじない」によって形成される人間関係に神聖性が見いだされる仕組みにもなっているのである。それによって、学校という空間と、そこでの人間関係を自明のものとするだけでなく、そこに適応して生きることの意味と価値とがさらに強化される。

もっとも、こうした「おまじない」グッズは、ほかとの差異化を図るための消費財としての役割を完全に捨象しているわけではない。すでに見てきたように、「マイバースデイ」で手作りされるグッズは、当時の少女たちに人気だった、かわいらしさや美しさといった「少女らしさ」をことさらに強調したデザインになっていた。それは、エミールによる妖精のモチーフを使用した「おまじない」に最も顕著に見いだされる。ただし、これらは手作りの過程を付与することで、既製品とは異なる、「少女らしい」世界観を内面化することが設定されていた。手作りに含まれる料理や裁縫も、家庭を維持するための準備ともとれることも指摘すべきだろう。したがって、「マイバースデイ」で手作りする営みとは、ジェンダー規範を受容することで、独自の「世界」をより強化する試みでもあったと考えられるのである。

## おわりに

「マイバースデイ」が手作りに関する記事を多く掲載してきたのは、ほぼ一九八〇年代に発行したものに限られる。九〇年代以降には、ルネをはじめとする有力な占い師も、より年齢が高い女性に向けて専門性が高い内容を掲載する目的で発行された「MISTY」などに移り、「マイバースデイ」の内容も変化するようになる。だが、「占い／おまじない」そのものが人気を失ったわけではなく、九〇年代以後も、「マイバースデイ」はその内容を変化させながら、引き続き発行されてきた。

では、一九九〇年代の「マイバースデイ」はどのような内容をメッセージとして発したのだろうか。次章ではその点を取り上げて検討していく。

注

（1）神崎宣武『ちちんぷいぷい――「まじない」の民俗』（小学館、一九九九年）を参照。

（2）大塚英志はこの点について、ジャン・ボードリヤールの議論を参照している。ボードリヤールの議論については、Jean Baudrillard, *La Société de Consommation: Ses mythes, Ses structures*, Gallimard, 1970.（ジャン・ボードリヤール『消費社会の神話と構造』今村仁司／塚原史訳、紀伊國屋書店、一九九五年）を参照されたい。なお、大塚はボードリヤールの議論から「おまじない」グッズをアニミズムの復活だと述べているが、この点についてはアニミズムの定義も含めてさらなる議論が必要だと考えられる。

（3）大塚英志「補論 ファンシーグッズの少女民俗学――おまじないと〈モノ〉の位相」『りぼん』のふろくと乙女ちっくの時代――たそがれ時にみつけたもの』（ちくま文庫）、筑摩書房、一九九五年、一八七―二一二ページ

（4）二〇一二年に発行された「マイバースデイ」の復刻版では、「魔女入門」に寄せられた相談を数の多さに分けてランキング形式で紹介しているが、最も多いのが「クラス、職場などの人間関係の悩みについて」、次に「復活愛、片思い、出会いなどの恋愛のおまじない」「弱い自分に勝つためのおまじない（勇気）」だったとしている。

（5）詳しくは、今村仁司『交易する人間《ホモ・コムニカンス》——贈与と交換の人間学』（〔講談社選書メチエ〕、講談社、二〇〇〇年）を参照されたい。また、マルセル・モースの「贈与」については、Marcel Mauss, “Essais sur le don. Forme et rasion de l’échamge dans les societies archaïques,” *L’Année Sociologiques*, nouvelle, 1, Universitaires de France, 1925.（マルセル・モース『贈与論』吉田禎吾／江川純一訳〔ちくま学芸文庫〕、筑摩書房、二〇〇九年）を参照されたい。

# 第4章　一九九〇年代「マイバースデイ」の「占い／おまじない」

## はじめに

一九八〇年代に主として少女たちの間で「占い／おまじない」が流行したのはなぜだったのか、その意味を明らかにするため、「マイバースデイ」の八〇年代に発行されたものを中心に整理し検討してきた。

ここから見えてきたのは、「マイバースデイ」は権威をもった占い師が示す「白魔女」を提示して、理想像を目指して努力する経路として「占い／おまじない」を設定するものだったということである。さらに、「マイバースデイ」による「占い／おまじない」は、読者の日常である学校での人間関係と向き合う努力を後押しし、そのことによって自己の成長を促すものでもあった。こうした「占い／おまじない」のありようは、少女たちにとって学校を中心とする社会と自分自身とを包摂して統一する「包含的な天蓋」として、いわば宗教的な役割を担っていたと言える。さらに、権威ある占い師を中心とする読者同士のゆるやかなつながりが、誌面での宗教的な性格をさらに強調してきたのである。だが、この性格は流動的である。なぜなら、あくまで「マイバースデイ」が中・高生向けであり、読者の期待や学校の状況に合わせて、雑誌の内容も変わっていくことが前提だったからである。

そのため、一九九〇年代の「マイバースデイ」が示す「占い／おまじない」は八〇年代のそれと内容が大きく異なっている。結論を先取りすると、「白魔女」の理想像を示してそこに向かう努力としての役割を担っていた「占い／おまじない」は、誌面から姿を消した。それに伴い、「マイバースデイ」から宗教的な性格が後退していったのである。だが、「占い／おまじない」それ自体への関心は失われたわけではなく、むしろ「占い／おまじない」が学校という空間とさらに強く結び付き、読者の支持を引き続き集めていた。

では、一九九〇年代の「マイバースデイ」での「占い／おまじない」は、どのような役割を読者に示してきたのだろうか。本章では、九〇年代の「マイバースデイ」での「占い／おまじない」について、雑誌の全体像も射程に入れながら検討する。

ところで、一九八〇年代の「占い／おまじない」はさまざまな角度から論じられてきたのに対して、九〇年代に入ると「占い／おまじない」についてはほとんど言及されなくなった。かわって、九五年に地下鉄サリン事件を起こしたオウム真理教との比較によって注目されるようになる。なぜなら、すでに述べたように、オウム真理教の登場をもたらした「宗教ブーム」のなかに、「占い／

おまじない」もまた含まれていたからである。これらが当時の若者を中心に支持を集めていたことが、比較される理由にもなった。

弓山達也は「宗教と社会」学会第三回学術大会の「情報時代は宗教を変えるか？」というテーマのシンポジウムで、「青年層における宗教情報の伝達について」と題した報告をしている。その冒頭で弓山は、若者の間で広まる宗教観とメディアとの関係性をとらえるのに、オウム真理教と「マイバースデイ」を例として取り上げている。そして、「マイバースデイ」が「おまじない」の内容を標準化し、流布する機能を果たしてきたことを指摘している。(1)

さらに、一九九〇年代に入ると社会での自己のあり方を規定する手段として、「心理主義化」が注目されるようになった。森真一によると「心理主義化」とは、心理学や精神医学の知識が大衆化するなかで、人々が社会的現象を「個々人の性格や内面」から理解して「共感」や「自己実現」を重視する傾向のことを指している。本書では「占い／おまじない」に直接ふれてはいないが、こうした役割は「占い／おまじない」にも見いだせる性質だと言えるだろう。(2)

しかし、オウム真理教による一連の事件と、社会の「心理主義化」のなかで、「占い／おまじない」が九〇年代に入ってどのように変化し、読者に何を示すようになったのかについては十分に検討されてこなかった。だが、先に述べたように、九〇年代に入ると「占い／おまじない」は宗教的な要素を失うと同時に、学校という空間と密接に組み合わさることで、新たな役割を少女たちに示すようになっていく。以下、こうした変化に注目しながら九〇年代の「マイバースデイ」の「占い／おまじない」について整理し、検討していく。

## 1　一九九〇年代「マイバースデイ」に見られるライフスタイルの記事

一九九〇年代の「マイバースデイ」に現れた変化として、八〇年代には区別なく扱われてきたライフスタイル関連の記事と、「占い／おまじない」関連の内容とが、それぞれ独立して提示されるようになったことが挙げられる。

ライフスタイル関連の記事では、学校生活での人間関係をめぐって、相手に好印象を抱いてもらうにはどうしたらいいかという内容が増えている。一九九三年二月号では「心の垣根をはずして世界を広げよう　オープンマインドの女の子になろう！」という題で、「話しかけやすく場を明るくする魅力がある。自分をもっていて、NOと言うこともできる」女の子を目指す記事を掲載している。具体的には、「朝は自分からあいさつ」「清潔感&健康的なイメージを大切に」といった心得を説いていて、続く記事には、少女小説作家の折原みとや女性タレントなどが、「オープンマインド」についてのコメントを寄せている。(3)

さらに、異性からの視線を意識して、手っ取り早く好感を得ることをねらいとした記事が目立つようになった。例えば、一九八七年四月号から連載が始まっていた「MBボーイズ心理接近チェック」シリーズは、当初は異性の内面性を理解する方法や、異性との関係を正面から取り上げることが多かったが、九〇年代に入ると外見を重視する内容が目立つようになる。例えば、一九九六年七月号「視線の流れをチェックしよう！」では、読者アンケートに基づいて、男の子は胸、足、顔といった女の子の体のパーツのどの部分を重視しているかや、また男の子はどのような女の子とセックスしたいのかの結果を載せている。

このように、一九九〇年代の「マイバースデイ」では、学校のなかで広く周囲から好感を抱いてもらうためのマニュアルや、周囲が自分にどのような印象を抱いているかを探る方法などを取り上げた記事が目立つようになる。

他方で、ライフスタイルに関係する記事のなかで、身近な情報をカタログ的に列記して紹介する記事も登場するようになる。一九九五年二月号の「MB流行震源地 あなたの？にお答えします ティーンの気になるコトなんでもリサーチ」という特集では、スナック菓子やファストフードの新商品について紹介している。こうした記事で特徴的なのは、「占い／おまじない」や妖怪、宇宙人、天使、世紀末についても同じコーナーで掲載していることである。記事からは、「マイバースデイ」では「占い／おまじない」にまつわる記事が、菓子や食べ物についての情報と同じ扱いになったことがうかがわれる。

このように、一九九〇年代の「マイバースデイ」でのライフスタイルの記事は、自身に対して周囲から好感を抱いてもらうマニュアルが目立つようになった。また、身近で流行している商品の情報と、「占い／おまじない」に類する情報とを同列に並べるようになったことも指摘できる。そして、これらの変化は、「占い／おまじない」の記事そのものにも見いだされるようになる。次に、一九九〇年代の「マイバースデイ」では「占い／おまじない」をどのように取り扱っているのかを検討していこう。

## 2　一九九〇年代「マイバースデイ」の「占い／おまじない」

「占い／おまじない」の記事に見られる変化の一つとして、さまざまな分野の占い師が執筆するようになったことが挙げられる。その結果、「占い／おまじない」の記事の題にも変化が見られるようになった。一九八〇年代では、ルネ・ヴァンダール・ワタナベを中心に「魔女」や「魔法」「魔術」という言葉がよく使用されていたが、九〇年代に入るとこれらの言葉が減り、かわりに「心理テスト」「ランキング」といういかにも科学的な用語が増えた。(4) その変化を確認するために、「魔女・魔法・魔術」「心理テスト」「ランキング」を表題に付けた記事の件数を、八〇年から八四年、八五年から八九年、九〇年から九四年、九五年から二〇〇〇年の四つに分けて、その件数をグラフに示した（図11）。

この図からは、一九九〇年代のはじめを境に「魔女・魔法・魔術」といった語にかわって「心理テスト」「ランキング」という語を多用するようになったことが、あらためて確認できる。こうしたことから、九〇年代は「マイバースデイ」の「占い／おまじない」が設定してきた「魔女」の理想像や、それに向かって努力する「魔女っこ」といった存在は後景に退いていったことが見て取れる。(5)

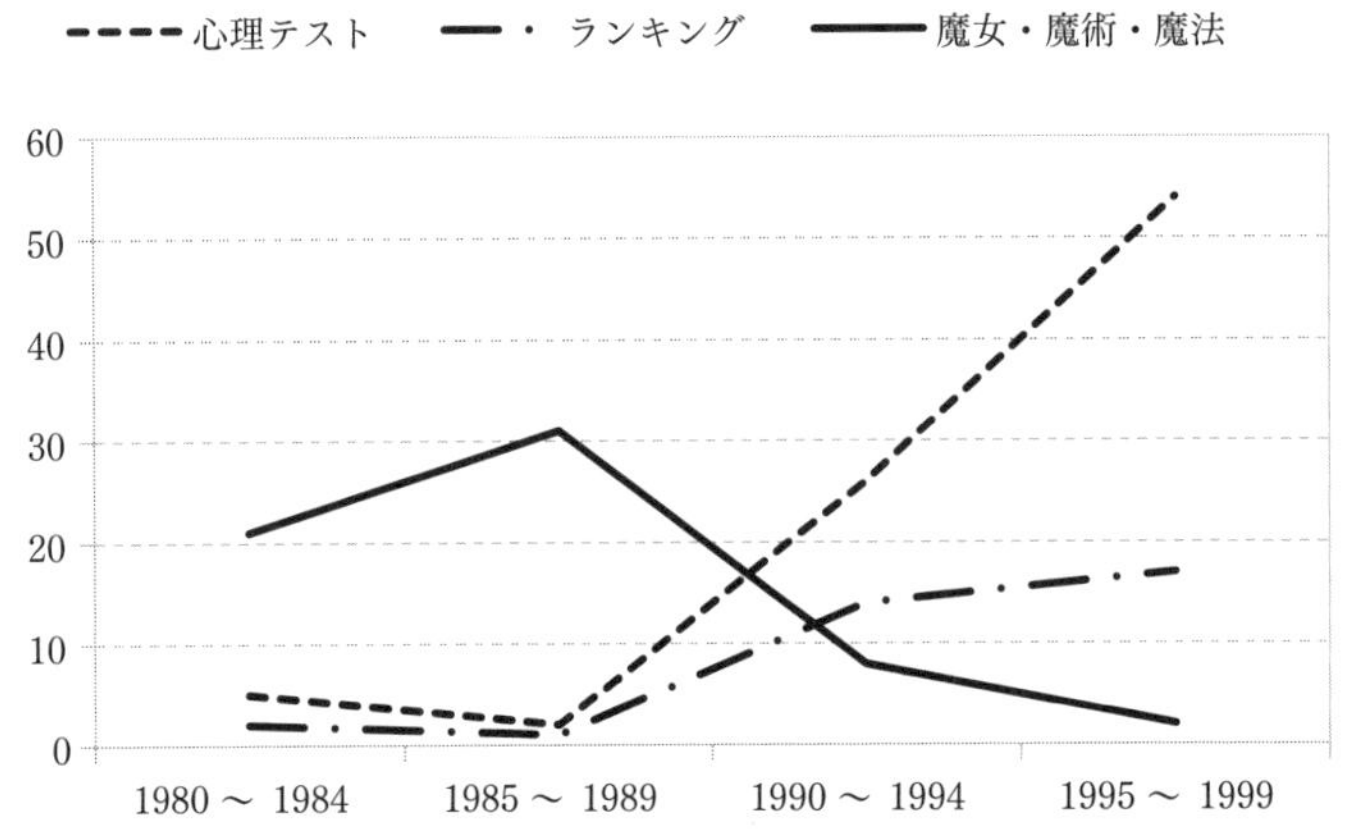

図11　見出しに使用した「魔女・魔術・魔法」「心理テスト」「ランキング」の推移

その変化に注目しながら、まずは一九九〇年代「マイバースデイ」の記事で多くを占めている「心理テスト」と「ランキング」についてその内容を見ていくことにする。

## 3 「心理テスト」と「ランキング」

一九八〇年代にも、「テスト」という語を含む記事は掲載されてきた。ただし、それらはルネの「魔女っこテスト」に代表されるように、あくまで占い師の個性を反映したものであり、「占い／おまじない」の記事と内容の差異は見られない。九〇年代になると「心理テスト」と題した記事が多くを占めるようになるが（図12）、その内容も大きく変化した。さまざまな占い師が記事を掲載しているにもかかわらず、その目的や内容には、ある共通する傾向が見いだされるのが、九〇年代の「心理テスト」の特徴である。

「心理テスト」と題する記事では、あらかじめ用意された選択肢を読者がたどることで、各自が自分の特性を読み取ることができるチャート式になっているものが多い。一九九六年十一月号の森井ゆうも「プリンセス物語心理テスト」は、読者が物語のうえでお姫さまになって物語の進め方を選択することで、自分を表す姫のタイプを判断するものになっている。例えば設問には、「あなたがおやゆび姫でムリヤリ結婚させられそうになったら嫌なのは　a．カエル　b．モグラ」という選択肢を設けていて、その選択肢をたどると次第に枝分かれして、最後にさまざまな「姫」のタイプのいずれかにたどりつくようになっている。続くページには解説があり、仮に「シンデレラタイプ」であれば「あなたに足りないものは『野心』」とあり、好きな相手に対して受け身ではなく、野心的に自分からがんばることが「恋のレベルアップ」に大事であるなどと書いてある。こうした「心理テスト」は、当時、流行したテレビドラマや芸能人などを素材とするなどして、自分の「心理」を深く知るというよりも、そのときどきによって変わるゲーム的な要素を含んだものになっている。

また、バレンタインデーを控えた二月号には、バレンタインにまつわる「心理テスト」を数多

図12　表紙に「心理テスト」の文字が躍る
（出典：「マイバースデイ」1999年10月号、実業之日本社）

く掲載している。一九九二年二月号のルナ・マリアによる「バレンタイン恋の必勝!!心理テスト集」では、「成功率をもっとアップ」させる方法として、「心理テスト」の記事をいくつか掲載している。具体的には、「恋を応援してくれるのは?」「彼にピッタリのアタック法は?」といった内容のもので、それによって、バレンタインデーに効果的に相手に思いを伝えるにはどんな方法がいいかを判断する仕組みになっている。

　さらに、学校生活での現実的な人間関係を取り上げた「心理テスト」も見られる。具体例として

図13　東野良軒「ＭＢおもしろテスト友だち関係心理分析チェック！ 私ってみんなに好かれてる？ キラワレてる？」
（出典：「マイバースデイ」1995年9月号、実業之日本社、85ページ）

は、「心理テスト」という表題を使用するものではないが、一九九五年九月号の東野良軒「ＭＢおもしろテスト　友だち関係心理分析チェック！　私ってみんなに好かれてる？　キラワレてる？」という記事が挙げられる（図13）。これは、学校で起こりうる友情や恋愛といった事柄をテスト形式で調べることで、逆に自分自身が学校で周囲からどのように思われているかを見極めるためのものになっている。

「ランキング」をタイトルに掲げた記事は、一九九〇年代に入ると頻繁にまとめて提示されるようになる。そのほとんどが、十二星座をランクづけして結果を示す内容になっている。占い師モナ・カサンドラによる一九九六年四月号の「Springラッキー星座ランキング」では、新学期を控えて「学校が大好きになるのは？」「先輩、後輩と仲よくできるのは？」というテーマを並べていて、それぞれに運がいい星座を順番に表示している。

さらに、こうした「ランキング」を扱った記事には、読者アンケートによって占いを構成したものもある。例えば一九九六年十一月号の「十二星座別人気獲得大作戦!!」という特集では、「読者アンケートによりここに決定する独断と偏見のなんでも星座ランキング」というコーナーを設けていて、新学期を前にしてクラスで人気者になるにはどうしたらいいかについてのさまざまな占いの結果を掲載している。また、続く「〇〇座にひとこと言いたーい。そんなあなたがイヤ!!なんです」と題する記事（図14）では、次のような文章を十二星座ごとに並べている。

人の弱点をズバズバ言って傷つけてしまいがちなのはいて座「あるいて座のコに、テストの点数を教えたら〝私よりバカだったんだ〟と言われてすごくやしかった」（よしっちょ・中三・おとめ座）「いて座のコって何気ない言葉で傷つけるからイヤ」（KIRA・高三・おうし座）また平気で約束をやぶったりする、ちょっといいかげんなところも。「バレバレのウソをついて約束をヘーキで破って、ちょーおしゃべりないて座のK、ザケンナ！」（ももいろ子・高三・さそり座）（「十二星座別人気獲得大作戦!!」「マイバースデイ」一九九六年十一月号、一六ページ）

図14　「十二星座別人気獲得大作戦!!」
（出典：「マイバースデイ」1996年11月号、実業之日本社、16ページ）

記事の最後には、「みんなどんなことがイヤなのかこれでわかったかな。心当たりのある人は、そっとまわりの友だちにチェックしてもらおう」と編集部のコメントを付している。

また「ランキング」の記事には、より細かいシチュエーションを区分けした内容のものも見られる。例えば一九九五年二月号の鏡リュウジと中谷マリによる「バレンタイン恋の運勢ハッピー予報」では、バレンタインにまつわる占いを「ランキング」形式でさまざまに紹介しているが、この特集で最も目につくのが「百位までランクづけ!!彼とあなたの告白ＯＫ♡の確率占い」だろう。これは告白の成功率を相手と自分の星座で割り出して、百四十四マスの図表にして示したものに、一位から百位までの番号を振ったものになっている。

このように、「心理テスト」と題する記事は、周囲からどう見られているかという他者の目に映った自己のイメージや、友人やクラスメイト、片思いの相手といった周囲の人々の性格を分析するものになっている。そのうえで、どのように振る舞えば好印象を得られるのかを判断する手軽なヒントも掲載されている。「ランキング」としての占いは、学校生活で日常的に直面する場面に応じて、自分がどのように周囲から見られているかや、相手との関係を発展させるためにはどのような注意を払ったらいいかについて、効率的な方法を類型的に示すものになっている。

他方で「おまじない」も、場面に合わせて効果的で手軽なものへと変化していった。一九九五年九月号には「私が九九パーセント成功したおまじないジンクスbook」という記事を掲載していて、冒頭には「なあんかついてなかった私。でもみんながやってみてバッチリかなったおまじないで、ツキツキgirlに変身！」というコピーを付けている。内容は、読者による「おまじない」の紹介を中心とするもので、例えば「好きな人とシャーペンの芯を代える」「好きな人と一日一回視線を合わせる」といった手軽なものが主となっている。

ここまで見てきたように、一九九〇年代の「マイバースデイ」での占いは、「心理テスト」や「ランキング」として効果的に人間関係を形成するために、自分が人からどのように見られているのかを把握する内容になった。「おまじない」もまた、単に願望をかなえるためのものになり、手軽さが重視されるようになる。

他方で、一九九〇年代の「マイバースデイ」には学校生活にはとらわれない「占い／おまじない」も見られるようになった。なかでも、占い師のマドモアゼル・愛が、広く心や愛について取り上げたエッセーの連載を始めていることが注目される。次に、そうした内容の記事を見てみよう。

## 4 「占い／おまじない」の広がりと拡散

学校生活という枠組みを超えた広がりをもつ「占い／おまじない」記事の多くは、雑誌の後半に置くのが通例である。こうした記事では、女性としての将来の生き方や、さらには人生一般を視野に入れたものが見られる。

その例として、一九九三年四月号に掲載された鏡リュウジによる「小惑星セレス、パラス、ジュノーでわかる女性の生き方三つの顔‼」を挙げることができる。この記事は、占星術の基本である太陽と月、八つの惑星だけでなく、さらに三つの小惑星を使用しているところに特徴がある。その理由として、鏡は「占星学もひとつの学問である以上、日々発展進歩を遂げて」いるからだとしたうえで、次のように述べている。

どうして今までの星だけではだめなのでしょうか。それは、簡単にいえば人間の社会と意識が時代とともに複雑になっていって、今までの惑星だけでは足りなくなったからなのです。たとえば時代とともに女性は男性と同じように公の顔と私生活の顔などをつかい分けなければならなくなり、それに対応して小惑星を用いるようになってきたのです。（鏡リュウジ「小惑星セレス、パラス、ジュノーでわかる女性の生き方三つの顔!!」「マイバースデイ」一九九三年四月号、一九三ページ）

続く記事には、人の運勢に影響を与える小惑星を割り出すための一覧表を添付していて、その結果ごとに「どんな妻、母になるか」とか「どういう仕事につくか」などを書いている。例えば「ジュノーがてんびん座」の人は結婚後に自分の魅力をむしろ高めていくが、その半面、家事がおろそかになる傾向にあるので、「女性が家事をぜんぶ引き受ける必要はないのですから、フィフティフィフティで彼と分担してゆくのがベスト」と記している。

さらに、前世や死後の世界といったものも占いの対象として登場するようになる。一九九五年五月号の森井ゆうもによる「逆行心理テスト」がその一例だが、これは、前世のころ、母の胎内に宿っていたころ、そして死後、転生を待つ霊界にいるころをイメージして、設定された選択肢を選ぶことで、現在の自分に必要なことを明らかにすることを目的にしている。例えば前世時代についての設問では、自分が霊界に旅立とうとする八十五歳の老人であることを想像し、そこで手を握ってくれている相手についての選択肢に応じて、現在に必要な癒やしの方法がわかるといった具合である。

学校生活の領域を超えた事柄を扱った記事は、「おまじない」にまつわるものにも見られるようになる。一九九五年四月号で、風水について取り上げた小林祥晃による「恋が実る部屋、こわれる部屋」がその一例である。これは、風水にのっとって家具を移動し、運気を高める内容の記事である。ほかに、神秘的な力を秘めた石とされるパワーストーンについて解説した宮沢みちよによる「きれいだから好き！　パワーストーン」が挙げられる。「直観力を高める」「運を開く」という目的別にクンツァイトやガーネットなどが値段入りで紹介され、なかには一万円台という高額な商品もある。

このように、一九九〇年代の「占い／おまじない」の記事では、成人女性にも受け入れられる内容も見られるようになる。さらに、広く女性の生き方や、そのなかでの神秘的な世界観について言及した内容のものとして、占い師のマドモアゼル・愛によるエッセーがある。次に、彼による記事を見てみよう。

## 5　「占い／おまじない」から精神世界へ

マドモアゼル・愛は、「マイバースデイ」の初期からさまざまな「占い／おまじない」を紹介したり「ＭＢ読者の集い」で講演したりなどして人気を集めた男性の占い師である。記事としては、主に、コンピューター占いや夢占いなどを取り上げてきた。一九九三年六月号から「読めば心が楽になる大切な30のお話」の連載を開始し、その続篇として一九九六年一月号から「精神世界エッセイ」という副題の「ハートカプセル」と題するエッセーを掲載するようになる。このシリーズは、少女マンガ家・谷川史子のイラストを使用していることにも特徴がある。

マドモアゼル・愛によるエッセーの特徴として、読者である少女たちに向けて、生き方について説いたり、指南したりしている点が挙げられる。初期の連載では、いじめへの処し方とか、親友の作り方、ダイエットなどのトピックを取り上げていたが、次第に、地球環境や平和、さらには霊界にまつわる事柄などを取り上げるようになった。

例えば、一九九五年四月号では、「バレンタイン特別編」として「彼の愛をつかむ告白後の態度について」と題する記事を掲載している。この内容は、バレンタインに相手に告白した読者に対して、いまは結果を待つことで不安いっぱいだと思うが、心の揺れを抑えながら相手の返事を待つようにと説くもので、以下のように述べている。

待てるのは本当の大人だけです。心が貧しく弱く自己愛しか関心のない人は待つことができません。反対に言うなら、どんなに貧しく弱くとも、待つことを知れば私たちはりっぱな女性になれるのです。育児が子どもの成長を待ち耐える面が大きいように、それは女性に求められる資質でしょう。（略）待つことを知った女性ならば、しゃべれない赤ちゃんがしゃべれるのを楽しみに、歩けるのを楽しみに日々変わらぬ笑顔を赤ちゃんに投げかけていくのではないで

しょうか。（マドモアゼル・愛「彼の愛をつかむ告白後の態度について」「マイバースデイ」一九九五年四月号、一三ページ）

さらに、エッセーでは心の持ち方について深く言及している。「ハートカプセル」の一回目では、「心はあなたの思っていた方向に動いているのです」という副題を付している。そこではまず、「心」には物事を実現する力があり、それを活用するためにはつらいことがあっても明るいことを考えることが大切だと説いている。そのうえで、悲観的で消極的な方向に考える惰性を振り払い、決意を新たに明るく過ごすようにしようと呼びかけている。特徴的なのは続いて、「私たちの明るくよろこびで満たされた気持ちは、じつは天界へつながって」いて、反対に「私たちが悲しみ嘆く時、私たちの心は幽界につながが」っていると述べている点である。だが、マドモアゼル・愛によるとこれは宗教ではなく、「人間の心の働きは無限であって、この世的なエリア外にも通じる」と説明している。

また、それまで「マイバースデイ」が取り上げることが少なかった「九九年七の月」に地球が滅亡するという「ノストラダムスの大予言」についても、エッセーで言及している。愛によれば、この「ノストラダムスの大予言」とは星占いでいう「大グランドクロス」のことであり、この時期が到来すると金融や流通などが一時的に止まる可能性がある。しかし、システムが止まることによって、新鮮な食事や空気、仲間や家族が生きるうえでいかに大切なものであるかということに気づき、「愛の世界」が発展するきっかけになる、と主張している。

マドモアゼル・愛はエッセーで、物質的な豊かさよりも、心のあり方こそが重要だと説いたうえで、それが霊界という精神世界とつながっていることに注意を促している。そして、そうした心のあり方こそが、大人の女性へと成長を遂げて母親となるために欠かせない資質であるとも主張しているのである。他方、エッセーのなかでは実践的な「占い／おまじない」について紹介することがなく、その内容も、必ずしも女子中・高生に向けたものではないという特徴もある。

ここまで、一九九〇年代「マイバースデイ」の記事の特徴について整理して検討してきた。次に、八〇年代の内容と比較しながら、九〇年代の特徴について検討していきたい。

## 6　一九九〇年代「マイバースデイ」の「占い／おまじない」の変化とその役割

前章で見たように、一九八〇年代の「マイバースデイ」の「占い／おまじない」とは、読者に「白魔女」の理想像を示し、その理想像に向かう努力を後押しする役割を担っていた。このような「占い／おまじない」は、複雑な人間関係を中心とする学校生活に適応しようとする努力に、意味や価値を供給しえたのである。さらに、占い師を中心とする読者のつながりが、「マイバースデイ」の誌面を通した世界観を形成し、誌面において宗教的とも言える空間を築いていたのである。

だが、一九九〇年代の「マイバースデイ」はそれまでと異なる様相を示すようになる。「占い／おまじない」の記事からは、八〇年代「マイバースデイ」に見られた「魔女・魔法・魔術」などの言葉が表題から減少し、かわって「心理テスト」と「ランキング」と題する記事が主流になる。記事の内容にも変化が見られ、「占い／おまじない」は学校での人間関係とそのなかでの自分自身の立ち位置を、場面や目的に応じて細かく分析して把握するためのものになった。この変化は、ライフスタイルの記事が、学校での人間関係に対処したり多数の異性から好印象を受けたりする、いわばマニュアルのような記事が優勢となったこととも連動していると言えるだろう。

一九九〇年代「マイバースデイ」に見られる変容からは、「占い／おまじない」は学校空間での人間関係に効率よく対処するための手段へと変化したことがわかる。八〇年代の「占い／おまじない」が学校での人間関係を築き上げて、そこに溶け込む努力を促すものだとしたら、九〇年代の「占い／おまじない」は既存の人間関係を素早く把握して円滑に循環させるための、いわば手軽で便利な道具になったと言えるだろう。

こうしたことから、一九八〇年代の「占い／おまじない」が「認識のための地図」を担っていたとする芳賀と弓山の議論は、九〇年代の「占い／おまじない」にこそ当てはまると言えるのではないだろうか。さらに言えば、九〇年代の「占い／おまじない」は「地図」を逐次更新し、より正確な位置関係を割り出すこと、それ自体が目的化されている。このことから、九〇年代の「マイバースデイ」に見られる「占い／おまじない」の性格は「心理主義化」とも異なっていると受け取ることができる。

だが、こうした「占い／おまじない」の動向は、少女たちからその魅力が失われる可能性があったことを示唆している。なぜなら、神秘性が強調されず、手軽で便利な道具にすぎなくなった「占い／おまじない」は、「認識のための地図」が手に入りさえすれば、必要性がなくなるからである。さらに、こうした変化は、二〇〇〇年代に入って若者たちの間で急速に普及したケータイへと、その魅力が移行する契機になったのではないだろうか。この点について、土井隆義による議論を手がかりに検討しておきたい。

土井は、ケータイのメールに注目して、若者たちにとってはやりとりされる内容よりも、やりとりする行為そのものが重要だと指摘している。そして、若者たちにとってケータイとは、いつも身体に寄り添って自己の内面を外的世界へと媒介し、自己の立ち位置を逐次定めていくための、いわばナビゲートツールなのだと土井はいう。このようなケータイのありようは、学校での人間関係を把握して、そのなかでの自分の立ち位置を定めようとする一九九〇年代の「占い／おまじない」と同じだったのではないだろうか。さらにケータイは、星座などの神秘的で超越的なものを経由する情報ではなく、現実を直接に反映した情報を示す道具でもある。このケータイの普及は、二〇〇〇年代に入って「マイバースデイ」をはじめとする占い専門誌が相次いで休刊したり廃刊したりした理由として、情報を得る手段が雑誌からウェブサイトに移行したことだけではない、もう一つの重要な要因として指摘できるのではないだろうか。(6)

しかし、一九九〇年代に入っても変化が見られない特徴もある。それは、「マイバースデイ」が強く押し出してきた、「少女らしさ」の重要性である。むしろ九〇年代では、「占い／おまじない」だけでなくライフスタイルの記事でも、少女としての魅力を発揮して異性や友人から好かれることの重要性を強調している。ただし、そこでは特定の異性や友人というよりは、より広い対象から好かれることを目的としていることも、指摘する必要がある。

そしてこうした「占い／おまじない」とは別に、広く女性としての生き方や霊界や転生などの事柄を取り上げる「占い／おまじない」も登場するようになった。さらには、占い師であるマドモアゼル・愛がエッセーを執筆するようになり、そこでは心や愛、霊界という精神世界に関する事柄を深く掘り下げるようになった。「占い／おまじない」は学校生活という枠組みから独立する方向へと進んだと言えるだろう。ただし、記事では、女性としての将来像として妻や母といったジェンダーの枠組みが、より強化されているのである。

## おわりに

以上の考察から明らかなように、一九九〇年代「マイバースデイ」は、学校での人間関係をそのつどの場面に応じて分析する「認識のための地図」を提供する役割を担いながら、他方では、学校とは離れたものとして、大人の女性としての生き方を見据えて精神世界を追求する方向も示すようになった。しかしながら、前者はその役割を徐々に終えていくことになるのである。だが後者は、二〇〇〇年代に入って興隆した「スピリチュアル」ブームの流れに接続していく。最近になって、新たに魔女や魔術といったものにも再び注目が集まり、「占い／おまじない」を専門家から学ぶ人たちが現れているのも、こうした流れのなかに位置するものである。この点については第6章「女性と「占い／おまじない」——鏡リュウジと女性誌を事例として」であらためて検討したい。
以上の議論をふまえて、次章は、「マイバースデイ」の主役でもある少女たちが誌面でどのような役割を果たしていたのかを、一九八〇年代と九〇年代の誌面の変化と照らし合わせて整理していく。

注

(1) 前掲「青年層における宗教情報の伝達について」二五—四五ページ
(2) 「心理主義化」については、森真一『自己コントロールの檻——感情マネジメント社会の現実』(〔講談社選書メチエ〕、講談社、二〇〇〇年)を参照されたい。
(3) 折原みとは少女小説のレーベルである「講談社X文庫ティーンズハート」(講談社)を中心に活動していたほかにマンガ家としても活躍していて、一九八〇年代から「マイバースデイ」にもイラストを多く掲載して人気を集めていた。
(4) 一九八〇年代の「マイバースデイ」で中心的な占い師として人気を集めたルネは、九〇年代以降、先にふれた占い専門誌「MISTY」に活動の重点を移すようになる。
(5) また、それまで「マイバースデイ」のマスコットだった魔女を模した「マイビー」ちゃんを一九八九年五月号から別のキャラクターに変更している。
(6) 詳しくは、土井隆義『友だち地獄——「空気を読む」世代のサバイバル』(〔ちくま新書〕、筑摩書房、二〇〇八年)を参照されたい。

# 第5章　〈知識〉としての「占い／おまじない」の共有と少女
## ――読者投稿欄「ハローバースデイ」の分析から

### はじめに

「マイバースデイ」での「占い／おまじない」関係の記事は、主として専門の占い師が執筆してきた。だが、第2章でふれたように、「マイバースデイ」の「占い／おまじない」は占い師が示すものばかりではなく、読者が自ら発信してほかの読者と共有するものも少なくなかった。そのための役割を担ったのが読者投稿欄の「ハローバースデイ」である。「ハローバースデイ」を通した交流は、読者同士のゆるやかな共同性を生み出すほどだった。もともと、「マイバースデイ」は会員制度や「友の会」を設けるなどして読者同士のつながりを形成してきたが、誌面でより強固な共同性を形成していたのが、この読者投稿欄だったと言えるだろう。ただし、時代による誌面の変化に合わせて、「ハローバースデイ」の内容もまた変化していった。

本章では、誌面での共同性を生み出す場としての「ハローバースデイ」に注目し、そのなかでも特に「占い／おまじない」関係の投稿について分析する。

これまで整理してきたように、「占い／おまじない」は「呪術＝宗教的大衆文化」の一つと位置づけられ、マスメディアを通して広まったことに特徴があるとされてきた。また、その内実が流動的であることから、それに関わる人々の意識を探ることが困難だと指摘されてきた。そのため、先述した島薗は現代社会での「呪術＝宗教的大衆文化」の広まりに重要な意味を見いだしながらも、「単なる娯楽の対象として楽しんでいるにすぎない人が多い[1]」のではないかというとらえ方をしている。

しかし、前章までで見てきたように、少なくとも「マイバースデイ」には単なる娯楽以上の宗教性が見られ、読者たる少女たちにある種の「世界」を形成するものだった。その「世界」は占い師によって一方的に提供されるのではなく、読者たち自身に関与することではじめて成立するたぐいのものだった。この点は最終章で整理するが、「マイバースデイ」という宗教の「市場」という現場でこそ成立するたぐいのものだったと推測される。

だが、「呪術＝宗教的大衆文化」でありながらも、強固に見える共同性が誌面で形成された理由については、さらに別の角度から検討する必要がある。共同性が築かれた経緯について検討するために、ここではバーガーとトーマス・ルックマンの議論に依拠する。

バーガーとルックマンは、人は「自己自身をつくり上げる」ために、社会的な創造を他者とともにおこなわなければならないと提起している。その観点から彼らが注目するのが、「制度」である。

ここでいう「制度」とは、日常の基盤をなす社会秩序のことを指す。初期の段階では、習慣化された行為が行為者たちによって類型化されることから「制度」化が始まる。「制度」はやがて、客観的に妥当なものになっていくが、同時に、主観的にももっともらしいものにする「正当化」の過程を経てより確かなものになる。この「正当化」に必要なのが、〈知識〉である。ここでいう〈知識〉とは、客観化された意味に妥当性を与え、その意味の内実を担う語彙によって理論化されたもののことである。(2) この〈知識〉が、「制度」とともに、個人を覆う「天蓋」を作り出すことを可能にすると彼らは述べている。

「マイバースデイ」は、学校空間での人間関係を「制度」として「正当化」するものとして「占い／おまじない」を提示してきた。そこで示された、「占い／おまじない」の手順は、バーガーとルックマンが言う〈知識〉の役割を担うものだったと言っていいだろう。だがそれだけではなく、そうした〈知識〉を受容しあるいは発信してきた読者が介在することによって、ここで言う「正当化」が成立したと考えられる。その契機こそ、読者投稿欄にほかならない。だが注意深く見てみると、読者が〈知識〉としての「占い／おまじない」を共有し、それをもとにして「制度」を構築する仕方は、占い師の意図とは微妙にズレていることも指摘される。占い師を中心としたヒエラルキーが誌面で形成されるのではなく、あくまで読者と占い師が対等になって「世界」を作り上げているのはそのためだと言える。

では、読者によって「占い／おまじない」は〈知識〉としてどのように共有されたのだろうか。そこでは、どのような「制度」が「正当化」されたのだろうか。ここからは読者投稿欄「ハローバースデイ」を分析することによって、「マイバースデイ」で共同性がどのように成立してきたか、それによってどのような「世界」が示されているのか、その過程を考察する。

## 1 「ハローバースデイ」の概要

読者投稿欄「ハローバースデイ」を検討するために、一九八〇年代と九〇年代の「ハローバースデイ」の投稿記事のすべてに目を通したうえで、「KH Coder」を使用した分析を試みた。「KH Coder」については後述する。

読者投稿欄「ハローバースデイ」が設けられたのは一九七九年七月号からである。当初は二ページほどの分量だったが、次第に多くの投稿が取り上げられ、さまざまな内容に特化したコーナーが設けられるなどしてページ数が増えていく。八〇年代は「ハローバースデイ」が雑誌の中央部に置かれていたことからも、雑誌全体から見て重視されていたことがわかる。投稿者は、女子中・高生が中心だったが、なかには社会人からの投稿も見られ、一時期は男性のための投稿欄も設けられていた。

ほかにも読者による「ポエム」を数多く掲載した「ポエムメッセージ」や「MB名画展ふりーぱす」というコーナーも設けていた。「MB名画展ふりーぱす」は、読者が寄せたイラストを掲載するコーナーで、「マイバースデイ」の編集部が評言を付している。一九八〇年代には、読者が投稿したイラストに、別の読者がポエムを付けるというコーナーも設けていた。

また、第2章で言及した、マーク・矢崎による「マークの『魔女入門』」を連載していたのも、この「ハローバースデイ」においてである。一九九〇年代には、マドモアゼル・愛が読者の夢の内容を分析する「夢一夜アルバム」というコーナーも掲載していた。このように、「ハローバースデイ」では専門の占い師による記事を掲載することもあった。

だが、「ハローバースデイ」で最も大きく誌面を割いてきたのが、読者が学校での出来事や恋愛、将来のこと、悩み事など身近な出来事について書き記した投書によって構成する「おしゃべりロード」である。具体的には、「友達の彼氏を好きになった」とか「テストで寝坊して遅刻した」「学校にMBをもっていったら先生も読んでいた」という日常の事柄を報告するものから、「万引きをしてしまった」「登校拒否をしている」「将来に悩んでいる」といった悩み事を打ち明けるものまでさまざまである。なかには、いじめや教師によるセクハラに悩んでいるといった深刻な内容のものも見られる。

これらの投稿には、編集部からのコメントを差し挟んでいる。特に、一九八一年四月号から登場した編集部の投稿欄担当者〝ドミ〟は、読者の投稿に対して感想を述べたり、励ましたり、ときには叱咤したりするなどのコメントを寄せて人気を博した。その人気は、一九八四年十二月号で担当が交代する際に「さよなら、ドミ」という読者からのメッセージを特集するほどだった。さらに、一九八〇年代と九〇年代を通して、読者がほかの読者の悩みに答えたり励ましたりする「感動励ましポスト」というコーナーが設けられている。例えば、一九八五年二月号にはクラスメイトと話が合わないという投書に対して、「今は話を聞くだけでもいいと思う」「そういう時ってありますよね。でも何か話してみよう」といった投書アドバイスを掲載している。

では、「ハローバースデイ」では「占い／おまじない」の話題はどのようにやりとりされていたのだろうか。次に、この点について検討する。

## 2 「KH Coder」を用いた「ハローバースデイ」の分析

ここからは、「ハローバースデイ」に読者が投稿した「占い／おまじない」関連の記事の内容とその特徴について、一九八〇年代と九〇年代に掲載されたものとに分けて、「KH Coder」による分析をもとにその全体像を俯瞰する。

「KH Coder」とは、樋口耕一が開発した記述的なテキストを客観的・計量的に統計処理して分析するためのフリーソフトウエアである。樋口によれば、このソフトには分析者の理論仮設や問題に左右されることなく、データを要約して分析を進められるという利点がある。(3) 読者投稿欄は読者による短い文章を並べていて、その全体像を明らかにすることは難しい。そこで、このソフトを使って「ハローバースデイ」での「占い／おまじない」の投稿の傾向をつかんだうえで、それぞれの投稿の内容に踏み込んで検討する。その際に、一九八〇年代と九〇年代の投稿傾向の違いについても注目したい。

表1　1980年代「ハローバースデイ」での「占い／おまじない」関連の頻出語（30位以上）

| 順位 | 抽出語 | 出現回数 | 順位 | 抽出語 | 出現回数 | 順位 | 抽出語 | 出現回数 |
|---|---|---|---|---|---|---|---|---|
| 1 | 彼 | 931 | 11 | 座 | 174 | 21 | 恋 | 113 |
| 2 | おまじない | 713 | 12 | 思い | 161 | 22 | 学校 | 109 |
| 3 | 書く | 354 | 13 | 入れる | 136 | 23 | 片思い | 108 |
| 4 | 思う | 301 | 14 | ペンダント | 135 | 24 | 心 | 107 |
| 5 | 自分 | 233 | 15 | 教える | 133 | 25 | マーク | 100 |
| 6 | 好き | 219 | 16 | 見る | 127 | 26 | 紙 | 99 |
| 7 | 占い | 199 | 17 | 用意 | 123 | 27 | 先生 | 97 |
| 8 | 友だち | 193 | 18 | 聞く | 121 | 28 | 行く | 96 |
| 9 | 言う | 190 | 19 | 大好き | 119 | 28 | 先輩 | 96 |
| 10 | 名前 | 187 | 20 | 当たる | 118 | 28 | 毎日 | 96 |

まずは、一九八〇年代に投稿されたものを見てみよう。一九八〇年一月号から一九八九年十二月号までの「ハローバースデイ」に掲載された投稿のなかで、「占い／おまじない」という言葉を直接使用しているもののほか、「お守り」や「ジンクス」「星座」などに言及した投稿や関連する投稿を抽出した。その結果、「占い／おまじない」に関する投書として、七百二十五本の投稿が認められた。

これらの投稿を、タイトルと投稿者のペンネームを含めテキストファイルとしてデータ化し、「KH Coder」に取り込んだ。そのうえで、投稿全体に見られる頻出語を確認した。さらに、内容を推測する手がかりになりうる「おまじない」「マーク」「ルネ」「エミール」「紅」「マドモアゼル」「全プレ」「座」「MB」「TRAPS」などの固有名詞を、強制抽出の対象として指定した。(4) また、異性を示す「彼」も強制抽出の対象としている。(5)

以上の手順を踏んで得た結果から、上位三十位まで

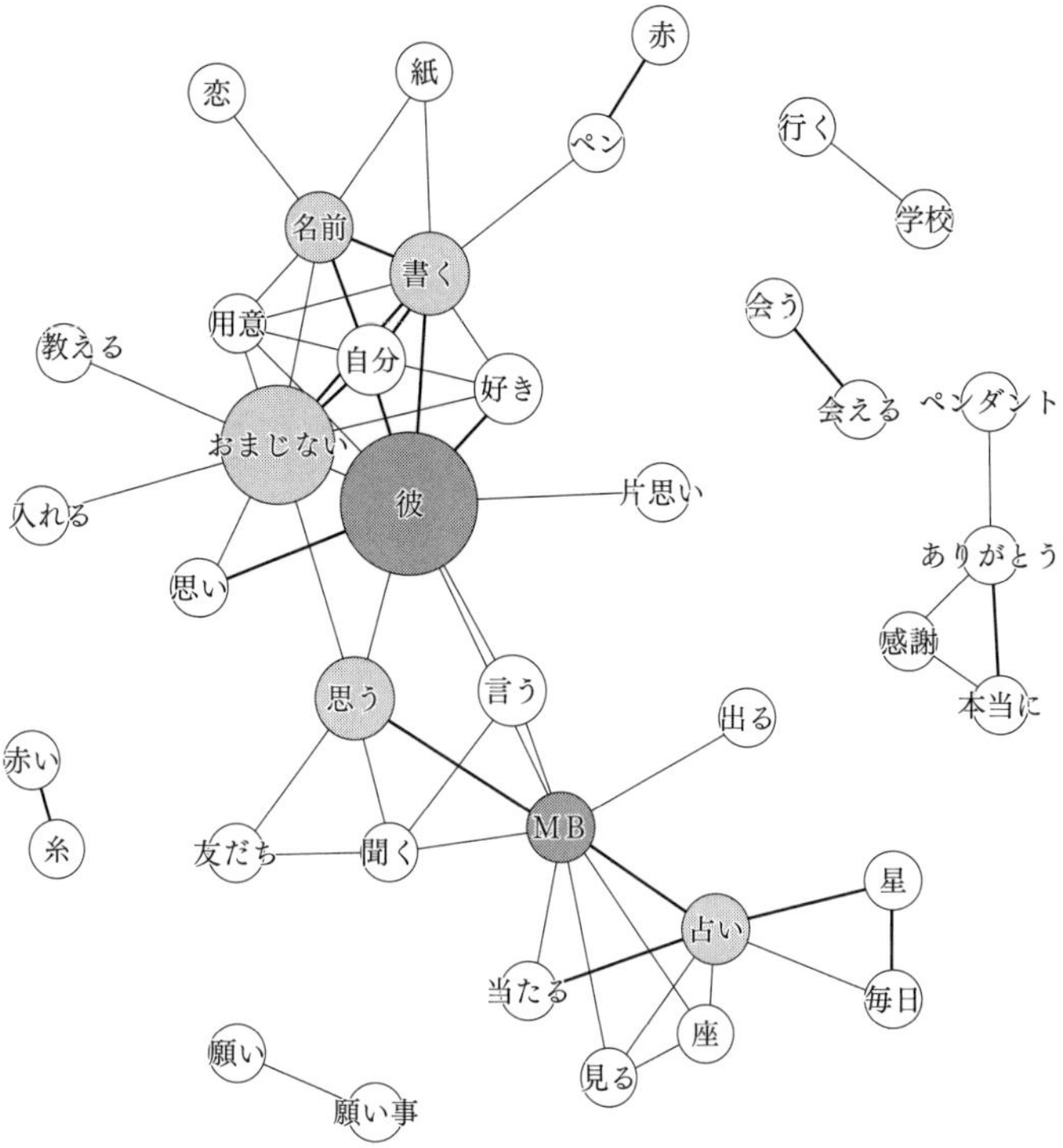


図15　1980年代「ハローバースデイ」での「占い／おまじない」関連頻出語の相互連関

の頻出語を示したのが表1である。(6) 表1でわかるように、「彼」が最も多く頻出する語句であり、「おまじない」が二番目、占いは七番目だった。ほかに特徴的な傾向として、「好き」「大好き」「恋」「片思い」といった恋愛を示唆する語句が多く見られる。また、八位に「友だち」、二十二位に「学校」という言葉が入っている点も注目される。他方、占い師のなかでは、マーク・矢崎への言及が多いことがわかる。

これらの投稿記事の語句の相互連関を調べるために、「共起ネットワーク」で分析した結果が図15である。図15では、頻出度が高い語句を大きな円で表示し、中心となる語をグレースケールで表示している。また、語句の結び付きが強いものを太い線で結んでいる。この結果から、これらが主に二つのサブグラフによって構成していることがわかる。一つは、「おまじない」「彼」を中心にしたものであり、もう一つは占いと「MB」の結び付きを中心にしたものである。他方で、これらのグラフとは独立して、「ありがとう」を中心とするサブグラフが表示されていることも見て取れる。そこにある「ペンダント」とは、主に「全プレ」や通信販売などで人気を集めた「おまじない」グッズのことを指している。

以上が一九八〇年代の投稿の特徴だが、では、具体的に八〇年代にはどのような内容の投稿を掲載していたのだろうか。抽出した語彙に沿って具体的な例を示しながら、検討を進める。

## 3　一九八〇年代「ハローバースデイ」と「占い」の投稿

まず、一九八〇年代の「占い／おまじない」関連の投稿のうち、「占い」に関するものについて検討する。「占い」に関する投稿では、「共起ネットワーク」で「当たる」という語句と関連していることから推測できるように、本誌や付録で専門の占い師が示す「占い」が当たったかどうかが主たる言及対象とされている。その内容は、主に恋愛に関するものだが、その恋愛について前後の経緯や状況を詳細に報告する投稿が多いのがこのころの特徴として指摘できる。一九八〇年四月号に掲載された次のような投書がその一例である。

「友達でいよう」と突然言い出した彼　ショックです！　だって今月のしし座占い……あたっちゃったんだもの。きのう、彼とＴＥＬでしゃべってたらネ、急に「はっきりいうてええな？こんなつき合いかたじゃのうて友だちでおろうや。恋とかなんとかいう感情が入ったらいつまで続くかわからんじゃろ……。友だちでおったら気軽にしゃべれるし、いつまでも友だちでおれる。じゃけー友だちでおろうや。おれの願いなんよ」こう言われちゃったの。占いに書いてあったから〝もしや〟とは思っていたけど、やっぱしショック！でもどうして彼、こんなこと言い出したのかな？やっぱり受験のせいかなア……。（尾道市　猫娘　しし座）（「おしゃべりロー

ド」「マイバースデイ」一九八〇年四月号、九三ページ）

このように「占い」についての投稿には、失恋という悪い結果が「当た」ったという内容も見られるが、全体としては、自身の出来事を披露することに重きが置かれている。図15で「聞く」という語句が「MB」「占い」と結び付いているのも、投稿でしばしば「（読者あるいは編集部の）みなさん、聞いてください。」という呼びかけが導入部として用いられているためである。

読者が、「マイバースデイ」に掲載された占いの結果をただ受容しているだけではない様子も、投稿からうかがえる。一九八一年七月号には、「どうしてさそり座は〝陰気な感じ〟なんや!?」という題で、「さそり座は『陰気な感じ』と書かれていたのが納得できない」と抗議する投稿を掲載している。さらに、九月号にはそれに同調する投稿を複数載せている。その結果、投稿欄には珍しいことに、占い師が占いの受け取り方について返答を寄せているのである。また、読者が創作した占いを紹介する投稿も少数ながら掲載していて、八六年六月からは「私の知っている占いテスト」という欄も設けている。ここでの占いは、星座などに基づく複雑なものではなく、好きな色や食べ物から自分の性格や好きな相手の性格を割り出すといった、簡単な内容のものが多い。

以上のように、一九八〇年代の「占い」に関する投稿は、それが「当た」ったか否かということよりは、それによって読者が日々の出来事を報告したり、自身の性格を示したりする内容のものが中心になっている。また、「占い」が当たらなかったことを報告したり、自作の「占い」を披露したりしていることから、読者は占い師をことさらに称揚するのではなく、自分なりに「占い」を受け止める姿勢を培ってきた様子がうかがえる。そして、投稿欄はそうした価値観を共有する場としての役割をも担っていたと言えるだろう。では、「おまじない」関連の投稿はどのような内容だったのだろうか。

## 4　「おまじない」の創作と共有

「おまじない」に関する投稿では、自分が創作した「おまじない」の手順を紹介するものが多く見られる。この種の投稿の増大を反映して、しばらくの間、「おしゃべりロード」のなかに「私の知っているおまじない」という表題で別立てのコーナーを設けていた。「おまじない」の投稿では、図15の「共起ネットワーク」で「おまじない」と「彼」との結び付きが強く、それが「ペン」や「紙」などと関連していることからわかるように、身近な材料に「自分」や「彼」の「名前」を記すといった手順を示すものが主なものになっている。

他方で、一九八〇年代の「おまじない」を特徴づける語句として、「教え」る、が注目される。その典型的な例として、一九八三年十月号に掲載された次のような記事がある。

赤ペン印の彼サマご対面おまじない　とっておきの〝大好きな彼ちゃまに会えるおまじない〟教えたげる。まずは、みなさんの左手小指ちゃんと赤ペンと彼ちゃまをほどよーく愛するあったかいハートをご用意ください。さて、このおまじないは学校で授業中に行うと、とても効果があるので、なるべく午前中の授業をねらってがんばってみてネ。さて、赤ペンをぎっちり握って彼ちゃまのことを思うこと三分間、そしてその赤ペンで、左手の小指に図のようなのを書いてほしいのです。もちろん、糸がグルッと指をしばるように、てのひら側にもきちんと線を書いてね！　人に見られたらもう一度やり直し、本当に好きな人とよく合えるんですョ。（大ちゃん命っ娘）（「私の知っているおまじない」「マイバースデイ」一九八三年十月号、六三ページ）

こうした投稿に対して、ほかの読者が実際にやってみた感想も掲載している。前述の記事に対する感想を記した、一九八四年二月号の次のような投稿がその例である。

十月号の「彼さま対面おまじない」効果バツグン！　ちょうど雨の日で、五時間目のときでした。大好きなK君が学校をおやすみしたんです。クラスも違うし、めったなことでは会えないのに、やすんじゃったらまる一日会えないでしょ！　すっごくさびしかったんです。それで四時間めのとき、このおまじないを思い出して、赤ペンをにぎって「K君さびしいよぉ〜！学校に来て」ってお願いしたの。そしたら五時間目……なんと私のクラスに遊びに来てるじゃない！　びっくりしちゃって、とび上がって喜んじゃった。大ちゃん命っ娘さん、どうもありがとう。（MILK）（「私の知ってるおまじない」「マイバースデイ」一九八四年二月号、七五ページ）

このように、教えられた手順どおりに「おまじない」を実行して願いがかなったと報告することで、誌面で交流がなされている。ほかに、手順を間違えたり残念な結果に終わった体験や、自分の願いごとをかなえる「おまじない」を募集する投稿も見られる。第2章で述べたように、なかには読者投稿欄のなかで人気を集めて、「マイバースデイ」が特集を組むきっかけになった「おまじない」の投稿も掲載していた。

さらに、投稿がきっかけになって、「おまじない」をめぐる議論に発展したケースもある。一九八二年五月号には、「好きな人がいるけれどほとんど話したことがない、おまじないでふり向いてもらうのは悪いこと?」という投稿を掲載している。この投稿に対して、編集部の〝ドミ〟が読者に意見を呼びかけたことで、七月号には誌面で議論が展開されるに至っている。次はその一例である。

ドミさん、わちにんこ!　五月号に取っていた「和弘さんのお友だち」に私の意見聞いてもらいたいのです。私は、おまじないをすることは悪いとは思わないけれど、おまじないだけに頼って自分は何もしないっていうのは、あまり効果もないだろうと思います（私がそうであったように）。だから私もドミさんと同じように、やっぱり自分である程度アピールした方がいいと思いますヨ。その上で、おまじないをしてうまくいきますようにって、願えば、神様はきっと手をかしてくれると思います。（略）（やよい）（「おしゃべりロード」「マイバースデイ」一九八二年七月号、九九ページ）

ほかにも、相手を振り向かせる努力があってこそはじめて効果があるとする読者からの応答もある。

他方で、こうした「おまじない」や「占い」の投稿で、「魔女」のモチーフが使われたり、ルネやマークなどの占い師が参照されたりすることはない。読者投稿で占い師に言及することがあると しても、それはせいぜい「おまじない」グッズの監修者としてにすぎない。こうしたことから、本誌面で中心的な役割を担っていた占い師の権威は、投稿欄のなかではそれほど大きな比重をもつものではなかったことが指摘できる。ただし、「おまじない」だけで願いをかなえようとするのではなく、自らも努力する必要があることを強調している点では、占い師たちが示す「おまじない」の特徴を共有している。

しかし、「占い／おまじない」を介した読者同士の濃密なやりとりは、一九九〇年代に入ると姿を消していく。では、九〇年代の「ハローバースデイ」での「占い／おまじない」関係の投稿にはどのような特徴が見られるだろうか。

## 5　一九九〇年代の「ハローバースデイ」

一九九〇年代の「ハローバースデイ」の「占い／おまじない」関連の記事についても、「KH

表2 1990年代「ハローバースデイ」での「占い／おまじない」関連の頻出語（30位以上）

| 順位 | 抽出語 | 出現回数 | 順位 | 抽出語 | 出現回数 | 順位 | 抽出語 | 出現回数 |
|---|---|---|---|---|---|---|---|---|
| 1 | 彼 | 305 | 11 | 名前 | 64 | 21 | 思い | 49 |
| 2 | おまじない | 174 | 12 | エミール | 61 | 22 | ペン | 43 |
| 3 | 占い | 139 | 12 | 本当に | 61 | 23 | ラッキー | 42 |
| 4 | 書く | 128 | 14 | 星 | 57 | 24 | 行く | 40 |
| 5 | 座 | 105 | 14 | 友だち | 57 | 25 | 席 | 39 |
| 6 | 好き | 88 | 16 | 告白 | 56 | 26 | 心 | 38 |
| 6 | 先生 | 88 | 16 | 毎日 | 56 | 27 | ハッピー | 37 |
| 8 | 思う | 87 | 16 | 恋 | 56 | 28 | 紙 | 36 |
| 9 | 当たる | 75 | 19 | 見る | 55 | 28 | 電話 | 36 |
| 10 | 自分 | 66 | 20 | 大好き | 53 | 30 | 片思い | 35 |

Coder」を使用して分析した。その結果、「占い／おまじない」に関するものは二百七十六本の投稿が認められた。そのなかで頻出語を抽出した結果を示したのが表2である。九〇年代の投稿では、「占い」が三位であることが注目される。また、占い師の名前では「エミール」が上位にある。他方で、八〇年代と同様に「彼」が一位であり、恋愛に関する語句が並んでいることも共通している。以上を確認してから、「共起ネットワーク」で分析した結果を示したのが図16である。図16でも、八〇年代の場合と同様に「おまじない」と「占い」のサブグラフに分かれている。また、「エミール」が「先生」と連関していることから、「先生」がいわゆる学校の先生だけを指すものではないこともわかる。

以上のことから、一九八〇年代と九〇年代の「占い／おまじない」関連の投稿記事を比較すると、最も大きな変化として投稿数の減少が挙げられる。九〇年代の投稿数は八〇年代の半分以下になっているのである。

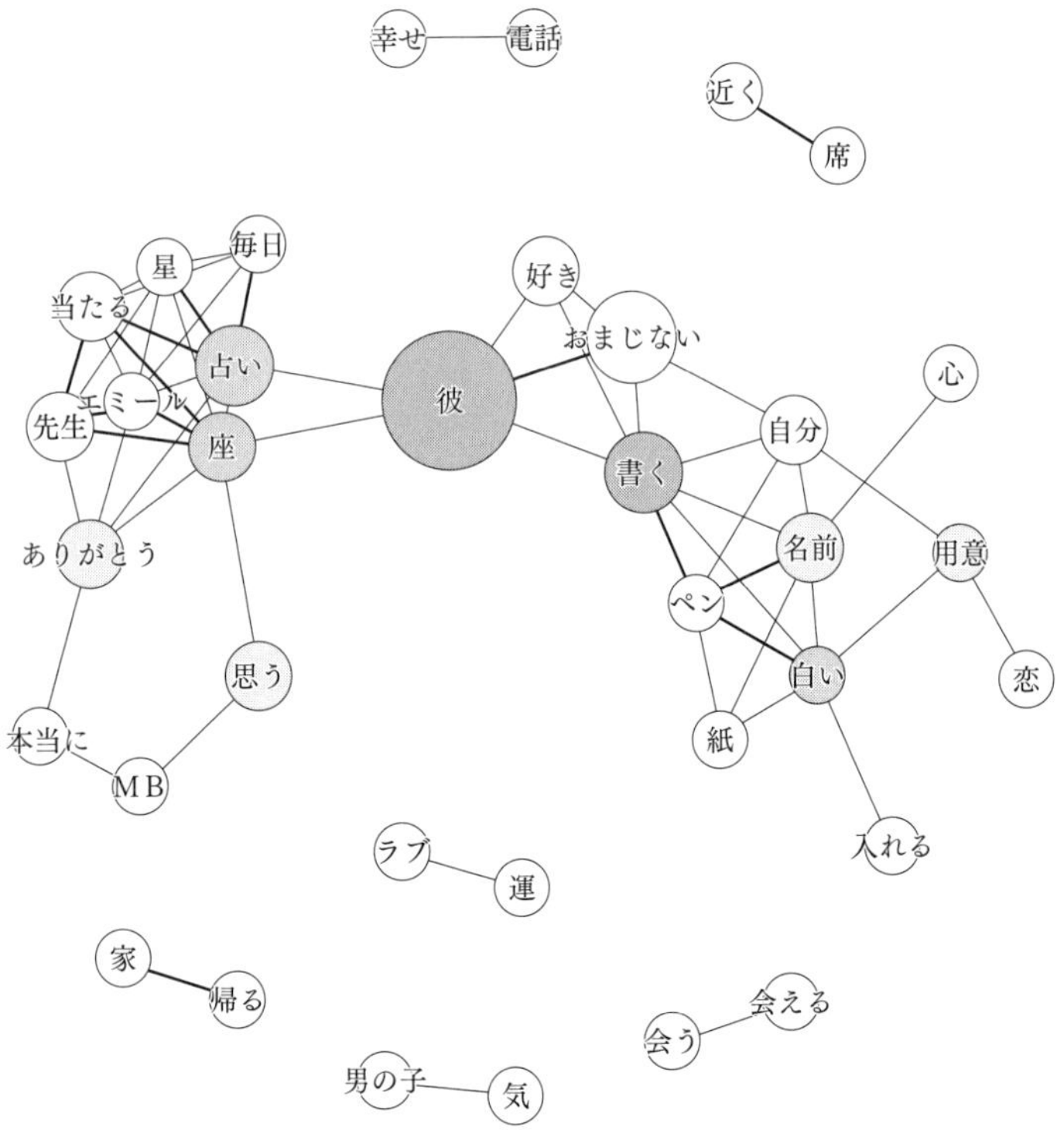


図16　1990年代「ハローバースデイ」での「占い／おまじない」関連頻出語の相互連関

頻出語を比較すると、二つの年代ともに「彼」と「おまじない」が上位にきていることに変わりはない。だが、八〇年代では七位だった「占い」が、九〇年代には三位に上昇している。このことから、八〇年代には「おまじない」を主とする投稿が比較的多かったのに対して、九〇年代には「占い」の記事がやや比重を増したと見ていいだろう。これらの点を確認したうえで、次に九〇年代の「占い／おまじない」についての投稿を検討する。

## 6　一九九〇年代の「ハローバースデイ」の「占い／おまじない」関連の投稿の特徴

すでに述べたように、一九九〇年代の「ハローバースデイ」は投稿数の減少があるものの、抽出された頻出語は八〇年代のものと大きな変化は見られない。そのなかでも、九〇年代では、「占い」関連の投稿がやや増していることはすでに述べた。「マイバースデイ」で「占い」の結果を示した「マンスリー・ホロスコープ」欄と、同じ欄を担当しているエミール・シェラザードに対する感想が投稿のなかに散見されるようになったのは、この変化の一つの反映と言えるかもしれない。

また「占い／おまじない」の投稿は、主に「私の知っているおまじない」と入れ替わりに新設された、「幸せレポートHapi Hapi」という別立てのコーナーでまとめられている。ただし、内容は八〇年代のものと変化はなく、主に「占い」が当たった／当たらなかったという感想とともに、読者自身のエピソードを披露する場になっている。また、記事ではかつてのように投稿欄での盛り上がりを呼び起こすということはなく、ほかの読者からの応答なども特には見られない。これも、九〇年代の特徴の一つである。

他方で、「おまじない」に関する投稿からは、読者がオリジナルの「おまじない」を紹介するものではなく、誌上での「全員プレゼント」か、通販や「魔女っこハウス」で手に入るペンダントなど、既成の「おまじない」グッズにまつわる投稿が多くを占めている。一九九二年十月号に掲載された次の投稿はその一例である。

あなたはもってる？ ハーモニーペンダントで恋キャッチ　このあいだ、全員大サービスで申し込んだ〝ハーモニーペンダント〟が届きました。私が頼んだのはレッド（恋愛）！それをもって学校に行った日の帰り、大好きな人とバスの中でふたりきりになりました。ふたりでいろんな話をして、今までよりもグーンと仲よくなれちゃった。そして、しばらくして彼から告白されて、今つきあってます❤ 彼にペンダントのことを話したら「ステキだね」って言ってくれました。もう最高にハッピーです。ありがとうございました！（午後の青葉）（「幸せレポート Hapi Hapi」「マイバースデイ」一九九二年十月号、一三〇ページ）

このように、一九九〇年代の「おまじない」関連の投稿では、どちらかと言えば「おまじない」グッズについて効果がどうだったかを簡潔に報告して、自身の恋愛をめぐる出来事をつづるといったたぐいのものが多くなっている。こうした投稿は、「マイバースデイ」の「おまじない」グッズの間接的な宣伝を担うものになっている点も指摘できる。

他方で、一九九〇年代の「ハローバースデイ」の記事には、これまでにはなかったまったく新しい特徴も見られる。それは、読者が神秘的な体験をしたことを報告する投稿が散見されるようになったことである。このような投稿は本数が多くないので「KH Coder」の分析結果には反映されていない。しかし、八〇年代にはほとんど見られなかったこうした投稿は、注目すべき重要な特徴だろう。

例えば、それでも以下のような内容が一九九一年五月号の「ハローバースデイ」に掲載されている。

フシギもしかしたら前世の記憶⁉　私は最近、前世にとても関心があります。ちょっとしたことなんですけど、時々〝前にもこんなことがあったな〟って思うことがあるんです。直感的に。これって同じような体験していたからなのでしょうか…？このあいだも、本を読んでいてページをめくった瞬間に〝前にもこの本を読んだことがある〟ってピーンときたの。ユッコさんは前世についてどう思いますか？　もし、私のこの体験が前世に関係しているとしたら、すごいなあーって思うんですけど。（ミステリーGirl）（「ハローバースデイ」「マイバースデイ」一九九一年五月号、一二八ページ）

文中の〝ユッコ〟とは、当時の読者欄担当者だが、この問いかけに対して、〝ユッコ〟は、前世はあるし興味もあると思っていると告げたうえで、「ただ基本的には〝今〟をいちばん大切にしたいけどね」と述べている。こうした記事でも、恋愛とのつながりが強調される場合もある。例えば、一九九四年九月号に掲載された次の投稿がその一例である。

　敏感すぎて困る！〝気〟のパワーのせいでデートもおしゃれも苦労するの　みなさん〝気〟のエネルギーって感じます？　私はすごく敏感なんですよ。二か月前に気功をやっている彼と付き合いだしたんですが、最初、彼と手をつないでると、ビリビリしてきてもうダメって状態になりました（今は、もう慣れましたけど）。（略）（アベンチュリンはいい石だ）（「ハローバースデイ」「マイバースデイ」一九九四年九月号、一二六ページ）

　このように、神秘的なものを察する自身の能力を、恋愛をめぐるエピソードと結び付けて報告することもある。

　以上のように、一九九〇年代の「ハローバースデイ」の「占い／おまじない」関連の投稿では、「占い」が当たった、あるいは「おまじない」が効いたとする感想を示すものが多い。だが、すでにふれたように、読者同士が「おまじない」を教え合ったり感想を述べ合ったりするようなつながりへと発展するケースはほとんど見られない。他方で、自身の神秘的な能力や、神秘的な体験を報告する投稿が、数は少ないながら散見されるようになる。

## 7　〈知識〉としての「占い／おまじない」と少女たちの「天蓋」

以上、「マイバースデイ」の読者投稿欄である「ハローバースデイ」に注目して整理してきた。「ハローバースデイ」では、読者によるさまざまな投稿を掲載していたが、そのなかで最も大きな比重を占めていたのが、恋愛などの日常の出来事や悩みなどについてつづったものだった。さらに投稿に対して、ほかの読者が助言や共感を寄せたり編集部がコメントを寄せたりすることで、読者同士が互いにつながりあっていた。

そのなかに掲載されてきた、「占い／おまじない」関連の投稿について「KH Coder」を使用して分析した結果、一九八〇年代の「占い／おまじない」の記事は比較的「おまじない」に関するものが多く、また恋愛に関する投稿が中心となっていることが明らかになった。

個別の内容に踏み込むと、一九八〇年代の占いについての投稿では、それが「当た」ったかどうかということよりも、占いをきっかけとして日常の出来事、特に恋愛についてのエピソードが重視されている。また、「おまじない」の記事は、読者が創作した「おまじない」の手順を「教え」て、さらにそれをほかの読者が実行した感想を投稿することで、読者同士のつながりを、投稿欄を通して示していることに特徴がある。

一九九〇年代に入ると、「占い／おまじない」に関する投稿は本数そのものが大幅に減った。そのなかで、八〇年代と比較すると「占い」の投書が比率を増すが、しかしその内容を「占い」の結果と、それにまつわる恋愛を中心とするエピソードの報告にとどまる。また、「おまじない」についても、「マイバースデイ」が作成した既成の「おまじない」グッズの効果を述べたものが多い。他方で、この時期には、神秘的な能力や体験についての投稿が少なからず見られるようになる。

本章の冒頭で、「ハローバースデイ」は「マイバースデイ」のなかにあって共同性を培う役割を担ってきたことを指摘した。その際に整理した、ルックマンとバーガーによる〈知識〉についての議論を手がかりに、読者投稿欄が誌面で果たしてきた役割について検討する。

すでに見たように、読者投稿では特定の占い師について言及することは少なく、言及する場合でも必ずしも肯定的なわけでもない。ただし読者投稿でも、もっぱら自分の願望をかなえるために「おまじない」にすがるものではなく、自ら努力することの大切さを強調していることなどは、本誌の占い師が読者に伝えようとしたことと同じ志向性を有している。だがそれも読者たちが、占い師の指示に従った結果というよりは、自分の「占い」にまつわるエピソードをほかの読者と共有したり、自分が考えた「おまじない」を通してほかの読者と交流したりすることで、広まった価値観と言える。

では、仮にこの「占い／おまじない」が〈知識〉に相当するものだとして、何が〈知識〉によって「正当化」される「制度」に相当するのだろうか。すでに見たように、「マイバースデイ」の「占い／おまじない」は、学校での人間関係に立ち向かう努力に価値を置こうとするものだった。その姿勢を反映して、「ハローバースデイ」でも、学校での人間関係や悩みについての投稿がほとんどを占める。しかし、そのなかでも特に多いのが学校を舞台とした恋愛についてであり、「占い／おまじない」関連の投稿も恋愛と結び付けた内容が中心になっている。

このような枠組みのもとで、「占い」は、恋愛することそれ自体に何らかの意味を与える役割を担ってきた。また「おまじない」は、恋愛を努力に値するものと見なすメッセージを伝えるだけでなく、読者同士が恋愛成就のための「おまじない」を教え合うことで、互いに恋愛との結び付きを共有して強化する役割を担ってきた。こうしたことから、「占い／おまじない」は恋愛を「制度」として「正当化」する〈知識〉としての役割を担ってきたことがあらためて確認できるのである。もちろん、一般的に恋愛は「制度」と呼べるものではないが、投稿欄からはそのように考えられる。そしてこうした「制度」を形成することで、より強固な共同性を誌面で生み出した。

ただし、読者欄での「占い／おまじない」のありようは、「マイバースデイ」の本体で占い師が「占い／おまじない」によって読者に示そうとしていることと大きく異なるものではない。また、矛盾を起こすこともない。なぜなら恋愛は、あくまで学校での人間関係の一つに含まれているからである。

このように見てくると、占い師と読者は互いに自立的な立場を保ちながらも、学校という空間を重視することで相互補完的な関係にあったと言っていいだろう。これには確かに編集部が大きな影響を与えていて、実際に投稿欄に編集部が介入している様子もうかがわれる。しかし、投稿記事を見るかぎり、占い師と読者のこのような相補関係が形成されたのは編集部による介入のせいばかりとは言えないのも明らかである。

一九八〇年代の「ハローバースデイ」に見られた「占い／おまじない」の〈知識〉としての役割は、九〇年代に入ると急速に失われていく。具体的には、「占い」は単に恋愛のエピソードを語るための口実へと変質し、「おまじない」も以前ほどは読者同士で積極的に共有されなくなる。

その一方で、「マイバースデイ」が提供する「おまじない」グッズを、読者が一方的に受容するだけの内容をつづった投稿も見られるようになるのが、九〇年代の一つの特徴である。これは八〇年代の「マイバースデイ」の「占い／おまじない」が、学校での人間関係と正面から向き合って乗り越えることに価値を見いだそうとするものだったのに対して、九〇年代には学校での人間関係を手っ取り早く把握する、単なる道具へと変化したことと連動していると言えるだろう。

一九九〇年代に神秘的な能力や体験についてつづった投稿が目立つようになったことは、精神世界との関わりが志向されていることを示唆するものと推測される。この種の記事は、同じく九〇年代の「マイバースデイ」本体で、神秘性を強調する記事を掲載するようになったこととも相通じているように思われる。ただし、こうした投稿でもやはり、恋愛との結び付きが主流をなしていることが特徴としてあるのである。

## おわりに

このように、一九九〇年代の「ハローバースデイ」で神秘的なものへの関心が強まる傾向が見られるようになったのは何を意味するのだろうか。二〇〇〇年代に入ると「スピリチュアル・ブーム」が登場していくが、そこでは恋愛や学校生活という現実への関心との結び付きがかつてほど強固なものではなくなったように見えるのは、こうした一九九〇年代の動向と関係していると考えられる。この問題について、次章で検討する。

注

(1) 詳しくは前掲『ポストモダンの新宗教』一七二—一九六ページを参照されたい。

(2) 詳しくは Peter L. Berger and Thomas Luckmann, *The Social Construction of Reality: A Treatise in the Sociology of Knowledge*, Doubleday and Company, 1966.（ピーター・L・バーガー／トーマス・ルックマン『現実の社会的構成——知識社会学論考』山口節郎訳、新曜社、二〇〇三年）を参照されたい。なお、この場合の〈知識〉とは、バーガーとルックマンによる知識社会学で、「現実が現象的なものであり、それらが特殊な性格をそなえたものである、ということの確証」(Berger and Luckmann, *op. cit.*〔前掲『現実の社会的構成』一ページ〕) として定義されたものを指す。

(3) 「KH Coder」について詳しくは樋口耕一『社会調査のための計量テキスト分析——内容分析の継承と発展を目指して』（ナカニシヤ出版、二〇一四年）を参照されたい。なお、フリーソフトは「KH Coder」(http://khc.sourceforge.net/) からダウンロードしている［二〇一八年三月十八日アクセス］。

(4) これらは、主力の占い師であるマーク・矢崎信治、ルネ・ヴァンダール・ワタナベ、エミール・シェラザード、紅亜里、マドモアゼル・愛を抽出するためのキーワードである。「全プレ」は応募者が

全員受け取れる「全員プレゼント」、「MB」は「マイバースデイ」の略語である。「座」は十二星座のそれぞれを抽出するために設定した。なお、頻出語の上位に入り、共起ネットワークにも出現するものの、解釈できない記号である「|」と、意味が多様なため解釈が難しい「人」「子」「今」「前」は「使用しない語」と指定して処理した。

（5）「彼」は一般的な語句だが、投書では「彼サマ」「彼ちゃま」というように、好きな相手についての独自の言い回しとして表記されるので、ここでは注目すべき語句として指摘した。

（6）これらは、主力の占い師であるマーク・矢崎信治、ルネ・ヴァンダール・ワタナベ、エミール・シェラザード、紅亜里、マドモアゼル・愛を抽出するために指定したキーワードである。また、「全プレ」は応募者が全員受け取れる「全員プレゼント」、「MB」は「マイバースデイ」の略語である。「座」は、十二星座のそれぞれを抽出するために設定した。なお、頻出語の上位に入り、共起ネットワークにも出現するものの、解釈できない記号である「|」と、意味が多様なため解釈が難しい「人」「子」「今」「前」は「使用しない語」として指定して処理した。

# 第6章　女性と「占い／おまじない」——鏡リュウジと女性誌を事例として

## はじめに

ここまでみてきたように、一九八〇年代に「占い／おまじない」が少女たちの間で広まったのは、それが「白魔女」の理想像を提示し、その理想像に向けて自らを高めることが、困難に満ちた学校生活に果敢に挑戦する意義として彼女たちに受け止められたからである。だが、「占い／おまじない」は九〇年代に入ると変質し、学校での人間関係を効率的に分析して、手っ取り早くよりよい関係を築くための現実的なツールへと変化していった。しかし、一九九〇年代の後半になると、「占い／おまじない」は勢いを失っていく。この時期に、「占い／おまじない」雑誌が次々と休刊や廃刊に至った。二〇〇六年には「マイバースデイ」も休刊し、電子メディアであるウェブサイトに移行したのはすでに述べたとおりである。

では、一九九〇年代になって、「占い／おまじない」がかつての熱を失っていったのはなぜだろうか。その理由の一つとして、九五年のオウム真理教による地下鉄サリン事件の影響を挙げる必要がある。この事件は、社会全体に宗教や宗教的なものに対する嫌悪感を呼び起こし、「宗教離れ」ともいうべき事態をもたらした。「占い／おまじない」を含む、「呪術＝宗教的大衆文化」にまつわることがメディアから姿を消していった。だがそれ以上に、第4章で指摘したように、「占い／おまじない」に限って言えば、それ自体が少女たちの間で魅力を失っていったことも指摘される。

しかし、二〇〇〇年代に入ると「スピリチュアル・ブーム」が起こり、これを背景に「占い／おまじない」は、再び広く受容されるに至っている。ただし、〇〇年代以降に新たに勢いを増すようになった「占い／おまじない」の主たる担い手は、少女たちではなく、成人女性に取って代わっている。[1]このような担い手の変化は、「占い／おまじない」が主として、成人女性向けの雑誌で頻繁に取り上げられるようになったことに見られる。[2]

では、二〇〇〇年代に入って成人女性を主たる担い手として「占い／おまじない」が再び勢いを盛り返したのはなぜなのだろうか。それは、彼女たちにどのように受け止められたからなのだろうか。本章では、主に成人女性向けの雑誌に注目してこの問題を検討する。

ただし、女性向けファッション誌の「占い／おまじない」の取り上げ方は多様で、そのトピックも多岐にわたる。そこで、ここでは西洋占星術研究家の鏡リュウジによる記事に焦点を当てることにする。さらにそのなかでも、鏡が主に記事を寄稿している三十代の女性向けファッション誌「FRaU」（講談社、一九九一年―）と幅広い世代の女性を読者層としているライフスタイル雑誌

「an・an」(マガジンハウス、一九七〇年—)を取り上げる。

鏡は、二〇〇〇年代に入って出現した「スピリチュアル市場」で注目を集めるようになり、現在もその人気が続いている。序章でふれたように、「スピリチュアル市場」とは、「スピリチュアル・カウンセラー」を名乗る江原啓之の著作が人気を呼び、彼が雑誌やテレビなどのメディアに登場するようになって広まった、「スピリチュアル・ブーム」の影響で生まれた市場のことである。「スピリチュアル市場」では、オーラ、前世、ヨガ、パワースポットなどが人気を集め、関連するイベントが各地で開かれている。そうした動向のなかで「占い／おまじない」も再び注目されるようになっていて、その中心的な役割を担っているのが鏡リュウジなのである。

さらに、媒体によって「占い／おまじない」の紹介の仕方を変える鏡の特徴は、「スピリチュアル・ブーム」に見られる特徴とパラレルでもある。「スピリチュアル・ブーム」と江原啓之に注目する堀江宗正は、江原がメディアの違いによって異なった現れ方をしていることを指摘したうえで、メディアが介在することで信奉者はカリスマの直接的な支配から逃れられるようになるが、半面で、どのメッセージを信じるのかという選択的消費による責任が受け手に課せられるようになったと述べている。(3)

鏡リュウジに焦点を当てて成人女性向け雑誌の「占い／おまじない」の動向を検討することは、大人の女性が「占い／おまじない」をどのように受け止めるようになったのかという問いだけでなく、「呪術＝宗教的大衆文化」から「スピリチュアル市場」へと移行するなかで、「占い／おまじない」はどのように変質したのか、という問いに対してある程度の分析を可能にすると考えられる。

他方、牧野智和は、占いを含んだ「自己啓発本」や、それに類する雑誌・書籍が多数発行されている近年の状況に注目し、これらは自己についての漠然とした悩みや問いに明確な答えを与え、それらを操作可能なものとする知識や技術を示すものととらえている。そして、こうした動向を、彼はアンソニー・ギデンズの議論に依拠して「自己の再帰的プロジェクト」と名づけている。(4)さらに、女性向けのライフスタイル雑誌「an・an」の誌面で、女性の生き方に指導的に言及する人々を取り上げている。指導者はさまざまな職業や立場の人々からなっていて、牧野は彼らをまとめて誌面の「権能複合体」と呼んでいる。そして、そのなかに占い師も挙げている。そのうえで、女性誌のこうした状況は、あくまで「女らしさ」を前提とするジェンダーの枠内にとどまると牧野は指摘している。(5)

この視点に従えば、鏡もまた雑誌での「権能複合体」の一人と言えるだろう。他方で、占い専門誌と異なり、女性誌では占い師であることの意味がどのように強調されているのかを注視する必要がある。なぜなら、「占い／おまじない」にはそれ自体に独自の体系や歴史的背景が存在していて、「自己の再帰性」にとどまらない神秘性や超越性をも示すものだからである。そのうえで、堀江が言う「スピリチュアル・ブーム」の特徴である、媒体によって異なるメッセージのあり方について明らかにする必要があると考えている。以上の点を考慮しながら、鏡リュウジに注目して、女性誌の「占い／おまじない」の動向を検討したい。その際、ジェンダーの枠組みも明らかにする。

## 1　活動状況と概要

鏡リュウジの女性誌での執筆活動を検討するために、以下の手順を踏んだ。まず、雑誌を専門に扱う私設の図書館である大宅壮一文庫の検索システム「Web OYA-bunko」で「鏡リュウジ」に関連する記事を検索した。(6) その結果、一九九二年九月から二〇一八年三月までの間で、五百九十七件の記事が抽出された。先に述べたように、鏡の記事を多数掲載しているのは、主に三十代の働いている独身女性を読者層とする「FRaU」と、広い世代の女性に対してファッションやライフスタイルを中心に、芸能人、恋愛、文化などのトピックを取り上げている「an・an」である。本章ではこれら二つの雑誌での鏡の記事すべてに目を通して検討する。

ちなみに、二誌以外で目につくものとしては、文芸誌「鳩よ！」（マガジンハウス、一九八三―二〇〇二年）や文化について広く取り上げている「ユリイカ」（青土社、一九六九年―）、時事について取り上げている「AERA」（朝日新聞社―朝日新聞出版、一九八八年―）の英語学習用雑誌「AERA English」（朝日新聞出版、二〇〇八年―）などでの活動が挙げられる。これらの雑誌では、例えば「鳩よ！」で「タロットの図像学」と題してタロットカードに関する歴史や背景をまとめたものを連載するなど、占いの文化的背景を解説したものが中心となっている。ほかにも、書評や映画紹介の記事を寄稿したり、著名人との対談に登場したりしている。

以上が、「Web OYA-bunko」の検索システムで明らかになった、鏡リュウジの雑誌での活動の概要である。ただし、「Web OYA-bunko」はすべての雑誌を網羅しているわけではなく、特に「占い」や「オカルト」専門誌は除外されているか、または一部の採録となっている。例えば鏡は、執筆活動の初期には「オカルト」雑誌である「ムー」や、「ムー」の女性向け姉妹雑誌「Elfin」でも連載している。さらに、「マイバースデイ」だけでなく、その姉妹雑誌である「MISTY」や、さらにはニューエイジ系の情報を日本に紹介した「FiLi」(フィラ・プロジェクツ、一九九〇―二〇〇二年)、「スピリチュアル・ブーム」の中心的な専門誌である「TRINITY」(エルアウラ、二〇〇〇年―)にも執筆している。ただし、これらの雑誌は現在、休刊・廃刊しているか、関心が高い一部の読者だけを対象にしたものが多い。

雑誌については以上だが、鏡リュウジの経歴や雑誌以外での活動についても、公式サイト「BETWEEN THE WORLDS」をもとに略述しておく。[7] 西洋占星術研究家を名乗る鏡リュウジは一九六八年生まれの京都府出身で、高校時代から占いに興味をもち、大学院在学中から本格的な執筆活動に入っている。大学院時代には、カール・グスタフ・ユングをはじめとする心理学について研究していて、彼の執筆活動には心理学からの影響が色濃く見られる。また、ラジオやテレビ、講演会やトークショーなどにも出演し、ほかの占い師や作家、学者との講演会やトークセッションなどもおこなっている。さらに、カルチャーセンターや占いの専門学校で数多くの講座を担当し、大学で客員教授も務めている。

著作物も、数多く出版している。占星術やタロットカードに関する入門書や専門書、その歴史をたどる内容のもののほかに、自身が占いをどのようにとらえているかなどを記したエッセーなどがある。そのなかには、社会学者や文化人類学者との対談も含まれる。また、占いやその周辺の歴史に関連して、海外の著作物の翻訳もおこなっている。最近では、ケータイのサイトで、毎日の占いを中心にさまざまな情報を発信してもいるのである。一方で、個人向けの鑑定はおこなっていないことを明言している。

## 2　女性誌の「占い／おまじない」

鏡を積極的に取り上げてきた雑誌の一つが、仕事をもつ三十代の独身女性を主な読者層としてファッションやライフスタイルを取り上げる「FRaU」である。誌面では、高級ブランドの洋服やアクセサリー、メイク用品を紹介するほか、映画や旅行の特集を組むなど、カルチャー雑誌としての性格も強く見られる。占いも特集として定期的に取り上げられ、そのなかで主役を務めたのが鏡リュウジであり、二〇〇五年八月号では「星座と運命――鏡リュウジ DELUXE」という特集が組まれてもいる。

同様に鏡の記事を多く掲載しているのが、女性向けのライフスタイル雑誌「an・an」である。「an・an」は一九七〇年創刊の歴史ある成人女性向け総合ライフスタイル雑誌である。当初の月二回から現在では週刊になっていて、ファッションやメイク、料理、ダイエット、旅行、インテリアなどさまざまなテーマを扱い、占いや「スピリチュアル」についても定期的に取り上げている。鏡は主にそうしたテーマについて寄稿している。二〇一〇年三月十日号では、「スピリチュアルBOOK」と題して江原啓之らとともに鏡も大きく取り上げられている。

二誌の占い関連の特集で最も大きく誌面を割いているのは、十二星座それぞれの運勢を詳細に記したものである。このような記事はほかの占い師によるものも見られるが、鏡の記事は専門性がより高いという特徴がある。「FRaU」二〇一一年一月号では、個別の星座の運勢を記す前に、星の運行が社会構造の大きな変化を告げる「「カーディナル・クライマックス」と呼ばれる配置」[8]になっていると述べている。十二星座それぞれの運勢を記した箇所でも、鏡の記事には随所に占星術についての解説を付けていることに特徴がある。例えば、天秤座について、「人生に幸運をもたらす木星と、試練や努力を表す土星とが一八〇度の位置で相対し、あらゆる局面で「さあ、これからどうする?」と決断を迫って」[9]くるなどと記している。

また、ライフスタイル関連の記事との結び付きは、「おまじない」を取り上げた記事で一層顕著である。二〇〇五年二月号では、宝石の歴史、特に錬金術と宝石との関わりを解説した記事を掲載しているが、これは高級宝石ブランドとコラボレーションした特集にもなってる。

他方で、鏡は十二星座に限定されない多様な鑑定方法も紹介してもいる。特に、「an・an」で二〇一〇年七月七日号から定期的に掲載された「ムーンカレンダー」は、「人間の本能や感情を司るといわれる月」に焦点を当てた内容になっている。この記事で鏡は、三日月、新月、満月などの変化が、古代から世界中で物事のなりゆきや人間の感情などを左右してきたことを紹介したうえで、月と地球の物理的な距離から割り出した日常の過ごし方のコツをカレンダー方式で記している。例えば、七月の新月は「やすらぎ」を意味する蟹座に重なっていることから、くつろげる居場所がほしいという望みをかなえるのに最適であると述べたうえで、植物のタネをまく「儀式」や幼いころのアルバムを見ることが効果的だとしている。

このように、鏡リュウジの占いは専門的な知識を付すことで、占星術そのものへの関心を喚起するものにもなっている。同時に、読者層やライフスタイルに細かく配慮する傾向も見られる。また、読者が実際に実行できる「占い／おまじない」もあわせて紹介しているが、そうした実行可能な「占い／おまじない」についても体系立った学問的な基礎に裏づけられていることをていねいに解説している。次節からは、鏡による「占い／おまじない」の記事についてさらに検討を深めていく。

## 3　学ぶものとしての占い

鏡リュウジによる「占い／おまじない」関連の記事では、自身の専門的知見を付け加えることで読者の好奇心を誘うとともに、記事に信憑性を与えていることが大きな特徴である。そして鏡は記事のなかで、一見難しそうな西洋占星術についても、やり方を学べば読者にも可能であることを示唆している。

このような鏡の西洋占星術に対する姿勢は、対談を通して示されることが多い。二〇〇七年六月号二十七日号の「an・an」では、手相占い師の日笠雅水とともに、若手女優である内山理名と対談した記事を掲載している。本格的な占星術にふれたことがないという内山に対して、鏡は占星術に必要な内山のホロスコープを作成してみせる。さらに、ホロスコープで占いに必要な星の位置がどのような関係にあるのか、その関係はどのような意味をもっているのかを解説している。それに対して、ホロスコープの内容がいいことなのか悪いことなのかを問う内山に、「現代の占星術って、いい悪いは断定しないんです。それは、とらえ方によってどうとでも変わっていきますから[10]」と答え、次のように付け加えている。

どんな運勢を持っているかを知り、自分がそれに対してどう関わっているかを考えてみることで、自分の潜在的な傾向やコンプレックスが見えてくる。そうした自分の隠された意識を理解することが、前に進む足がかりになる。そのために占星術を活用しようというのが、現代の占星術の考え方といえますね[11]。

この言及からわかるように、鏡にとって占星術とは、自分でやってみることで自身を理解したり鼓舞したりするものなのである。

さらに、鏡は自身をより深く知るための「心理占星術」を重視しているが、これについては、誌面での公開講座として解説をおこなっている。二〇〇五年八月号「FRaU」では、「角田光代が教わる「心理占星術」があたる理由」と題した対談を掲載している。この対談は、鏡が作家の角田光代に西洋占星術のやり方を教えるという授業の形式をとっている。そして対談では、鏡が作成した角田のホロスコープを見せたうえで、ホロスコープが十二の「ハウス」に分割されている理由や、それぞれの星の象徴的意味、「ハウス」と星の関係から意味を読み解いていく過程などを紹介している。さらに、占星術と心理学とを組み合わせて意識により深くアプローチする心理占星術と呼ばれる技法について、歴史的な経緯や、その具体的なやり方についても教示しているのである。

他方で、より手軽におこなえる占いのやり方も誌面で紹介してきた。それは、とりわけタロットカードを紹介した記事に見られる。例えば「an・an」の二〇一五年十月七日号では、タロットカードの一つであるルノルマンカードについての記事を執筆している。記事ではカードの歴史についてふれたうえで、このカードがタロットのなかでも比較的シンプルなデザインとなっていること、そのためこのカードを使った占いはそれほど難しくないことを述べている。続くページでは、カードの引き方とともに、カードの意味や解釈の仕方を具体的に解説している。また、二〇〇七年十一月号にもタロットカードを使った占いの仕方を載せているが、こちらは「an・an」としては珍しく、切り取って実際に使用できるタロットカードを付録として巻末に付けている。

このように、鏡の記事は、一見すると難解な西洋占星術の知識を解説し教示する一方で、その実践法をわかりやすく教えてハードルを下げている点に特徴がある。さらに、読者が手軽に実行できるタロットカードを使った占いの仕方も披露する。他方で、鏡は「おまじない」についても積極的に紹介しているが、それは「魔女」のイメージと合わせて示唆されることが多い。では、鏡による「おまじない」の記事にはどのような特徴が見られるだろうか。

## 4 「おまじない」と「魔女」のイメージ

鏡による「おまじない」と「魔女」のイメージとの組み合わせは、二〇〇五年八月号の「FRaU」での、マンガ家の安野モヨコとの対談「やっぱり魔女がすき！」に見られる。これは、映画『奥さまは魔女』（監督：ノーラ・エフロン、二〇〇五年）のロードショーに合わせた企画で、対談では安野が連載した「シュガシュガルーン」（「なかよし」二〇〇三年九月号―〇七年五月号、講談社）という「魔女」を素材にしたマンガにも言及している。鏡は、男性から悪とされていた「魔女」のイメージが、日本ではアニメに見られるように少女の姿に転化したことを指摘している。そのうえで、「まっすぐな一途さがあって悪い大人を圧倒する」[12]構図が人気を得ていると述べる。さらに鏡は、現代の魔女の定義は何かと問う安野に対して、「自立しているってこと」「男にこびない、卑怯なことはしたくない」といった価値観ではないかと述べているのである。[13]

このように鏡は「魔女」のイメージを、現代に生きる女性に生き方の指針を示すものとして位置づけているが、そうしたとらえかたの提示も、「魔女」の歴史に関する専門的な知見に裏づけられている。二〇〇四年二月号の「FRaU」では、「今、まさに「魔女入門」」と題した記事を掲載している。この記事の冒頭で鏡は、ドラマなどに近年は「魔女」が登場することが多いと指摘したうえで、「魔女」が邪悪だというイメージはキリスト教によってゆがめられたものだという歴史的背景や、現在では「魔女」が再び見直されつつあることにふれ、以下のように述べている。

魔女になる必要はありません。女は最初から魔女なのだ――魔女になるのではなく、魔女だということに気がつくだけでいい。そうすることでできることがたくさんある。完全な男女同権を求めるフェミニズムの人には怒られるかもしれませんが――この時代でも、エスタブリシュメントの真ん中に女はあまりいない。でも、だからこそあれこれ自由にできる。エスタブリシュメントの中ではできない多くのことをできるわけです。[14]

さらに鏡は、「これは今の社会に迎合することではなく、多様な生き方を実践しながら自由を手に入れること」[15]が重要として、それを〝魔力〟と呼んでいるのである。

ただし、鏡は「魔女」のイメージを一方的に提示するわけではなく、「魔女」としての実践を体験するための、「おまじない」に相当する方法を載せている。例えば、「生命の木のワーク」では、背筋を伸ばして木のイメージを想起しながら呼吸する方法や、「現代人が忘れがちな身体の感覚と大地との接触感を取り戻す」[16]ための仰向けでおこなう「グラウンディング」と呼ばれるリラックス法を紹介している。また、恋愛を成就するための「魔女」としての実践も紹介していて、相手に結婚を決断させるために女友達にケーキを焼いてもらって食べさせる方法や、転職を成功させるために鍵のモチーフの小物を用いるなどの方法を紹介している。

また二〇〇一年一月五日号の「an・an」では、小さなロウソクを二本用意し、そのうちの一本に相手の名前を刻印して火をつけ、溶けたロウを土に埋めると両思いになるという方法や、気になる相手が複数いる場合は、プランターに相手の名前をつけた球根を植えて、いちばん先に芽が出た球根の名前の人と付き合うといいなどといった方法を紹介している。こうした記事でも、「魔女」の歴史的背景についての解説を添えるなどして、イメージが付加されているのである。

このように鏡は、「魔女」のイメージを歴史的背景とともに提示しているが、女性の自立した自由な生き方をそのまま肯定するメッセージを伝えるメタファーとして「魔女」像を位置づけようとしていることがうかがわれる。

さらに鏡は、「占い／おまじない」そのものの価値観や「占い／おまじない」から見た世界観についても記している。では、それは鏡のどのような思想を示すものだろうか。鏡が自らの考えを記した雑誌掲載のエッセーなどに基づいて、この点を見ておく。

## 5　鏡の「占い／おまじない」に対する価値観とその背景

鏡の占いに対する価値観は、「FRaU」の企画である旅行記に見ることができる。二〇〇五年十一月号では、占星術の本場であり、長く滞在したことがあるイギリスを紹介している。その記事で、西洋占星術の大家であるジェフリー・コーネリアスとマギー・ハイド夫妻を訪問して話を聞いている。夫妻との対話にふれて鏡は、占星術は運命に対して受動的なものではなく、主体的に生きるための方向性や可能性を得るためのものだと感想を記している。続く「London ミステリー&ロマンティックツアー」と題した記事では、占星術の専門書を扱う書店、魔術やオカルトのグッズを扱う店、老舗の香水店などを紹介している。こうした記事では、占星術はその歴史や文化的背景も含めて深く学んでいくものであることを示唆している。

他方で、占星術を専門とする立場から、近代に対する批判を展開したエッセーも寄せている。「旅を終えて」という中国旅行記では、中国で出会った人々やその文化についての印象にふれたうえで、そこに押し寄せる近代化の波を「もうひとつ怪物的な顔」と表現し、それを「すべてを「フラットなものにしてしまう」」ものと批評している。[17] そのうえで、近代での時間について、占術家がリスペクトされていた時代のようには星の運行や自然の移ろいに意味が見いだされることがなく、単に時間という単位が重視されるようになったと述べている。

他方で、占いと自分自身との関係についても、鏡はたびたび言及している。「FRaU」二〇〇五年八月号では、自分に影響を与えたものとして、出身地の京都という土地柄、着物教室を経営している母親、高校生のころのタロットカードとの出合い、心理学者ユングの著作との出合いを挙げている。ユングについて鏡は、占いにはユングの心理学と共通するところがあると思ったと述べたうえで、ユングとの出会いによって、「合理的な自分と、オカルティックな自分の両方[18]」がいる理由が説明されていると感じたと記している。

鏡が、現代の占いをどのようにとらえているかを最も明確に示しているのが、二〇一五年七月二十二日号の「an・an」の記事である。「運命を変える絶対セオリー」という特集に登場した鏡は、かつて星の動きは「運命」を決める自然秩序と考えられてきたが、現在では運命を好転させるために自身を見つめるためのものととらえるというように、占星術は変化したと述べている。しかし鏡自身は、運命はあくまで感覚的に「ある気がする」ものとして生きられるものと考えているという。そのうえで、私たちは死を迎える自分の人生に対して、それを偶然の寄せ集めとしてではなく、心のなかでストーリーを紡ぐことで、それをまとまったものとして受け止めているのだと述べて、以下のように主張している。

それでも時々、物語の作り方がわからなくなることがあります。どう行動したらいいのか迷うことが、誰にでもあるでしょう。こうした瞬間はまさに、自分の運命を編集しているときであり、このとき、ばらばらの出来事をつなぎ直して意味を与える役目を担うのが、占星術だと思うのです。不幸な出来事にも、別の光を当てれば違う物語が浮かびあがってくるかもしれません。（略）星の道日をヒントに、あなた自身の豊かなストーリー＝運命を見出してもらえたら、と思います。(19)

このように、鏡は「自身の豊かなストーリー」を見いだすためのものとして占いを位置づけているのである。

## 6　女性誌の「占い／おまじない」の変遷とその内容

以上、現在の日本社会の「占い／おまじない」が女性誌という媒体で何を示しているのかについて、代表的な執筆者である西洋占星術研究家の鏡リュウジの執筆動向に注目して整理してきた。鏡はさまざまな雑誌で活動しているが、そのなかでも女性誌「FRaU」と「an・an」を主としているので、本章はこの二誌に注目した。鏡は執筆する記事で占いの鑑定結果の解説もおこなっているが、十二星座それぞれの運勢について述べるだけでなく、占いの過程そのものを詳しく解説しているところに特徴があった。

明らかにしてきたように、「占い／おまじない」は、学問的な背景から発展してきたものであり、ときには社会のありようを批判的に浮き彫りにするはたらきもするものだというのが、鏡の一貫した考えである。さらには、占星術はそれが示す運命に身を任せるためのものではなく、自由の方向性を示したり自分自身の物語を作り上げたりするためのものだというのも、鏡の重要な思想的立場といえる。

では、二〇〇〇年代に入って「占い／おまじない」は女性誌を通してどのように示されてきたのだろうか。そのあり方は一九八〇年代と九〇年代の「占い／おまじない」のとらえ方とどのように異なるのだろうか。女性誌での鏡による「占い／おまじない」の全体像を述べる前に、これまでの

「マイバースデイ」を中心とする「占い／おまじない」との相違について整理しておく。

すでに見たように、鏡による「占い／おまじない」の取り上げ方は、専門的な知識に裏づけされたものであることがそのつど示されている。ただし、それぞれの雑誌が志向するライフスタイルやファッションの情報と関連づけて「占い／おまじない」を取り上げている点は、かつての「マイバースデイ」に見られた特徴に通じていると言えるだろう。そして、こうした「占い／おまじない」が、「魔女」のイメージを付与されている点も同様である。

ただし、鏡による「占い／おまじない」は、仕事や恋愛でしがらみが多い既存の人間関係や日常での場所から、より自由になることが目的になっている。「占い／おまじない」は一九九〇年代の「マイバースデイ」と同様に、いまいる場所を見定めるためのものであると同時に、自分自身にとっての心地がいい場所を見いだすためのものとしても設定しているのである。「魔女」を目指すべき理想像として提示するのではなく、生まれながらに女性は「魔女」であること、そして「魔女」のイメージを通して、「占い／おまじない」の神秘性や超越性を強調するのも、こうした現実を超克するためにほかならない。

さらに鏡による「占い／おまじない」は、学習することでその知識や技法を身に付けられることを強調している。とりわけ、これまで難しい印象を与えてきた西洋占星術が、専門知識を学べば誰でも習得できるものであることを繰り返し強調している点もすでに見たとおりである。これらから、次のような二つの特徴が浮かび上がってくる。

一つは、鏡は「西洋占星術研究家」であり、特別な能力をもったカリスマなどではないということが誌面で強調されているという点である。そのため女性の生き方を先導するというよりは、あくまで占星術の専門家としての役割に比重が置かれている。これは、雑誌を「スピリチュアル市場」の現場として位置づけたとき、注目すべき特徴だろう。さらに、鏡にとって「占い／おまじない」とは秘技などではなく、また特殊な能力に基づくものでもなく、客観的に伝達可能な技法だということが示される。ここから、情報の受け手が自身の手で日常を見つめ、日常の世界と、星座、神話、「魔女」という存在が示す超越性や神秘性とをつなぐことができる可能性が浮かび上がってくる。このことは、現在の「占い／おまじない」には、一人ひとりがそれぞれに独自の世界観をもち、そのなかで自由を獲得する可能性を秘めていることを示唆するといえるだろう。

この点こそが、「占い／おまじない」によって学校空間での人間関係を良好なものにして、そこで自分の居場所を形成しようとした一九八〇年代から九〇年代の「占い／おまじない」の性格と大きく異なる特徴である。こうした違いには、メディアの変化や、当事者である女性たちの世代の問題も影響していることは強調しておく必要がある。

だがそれ以上に、「占い／おまじない」が、自分で自身の物語を作り上げてそれによって困難を乗り越えるという、より個人的なものへと変化したことが注目すべき事柄である。さらに、一九九〇年代の「占い／おまじない」のありようと比較すると、「魔女」や「魔術」の存在が復活していることが見て取れる。成人女性に向けての「占い／おまじない」が、その神聖性を取り戻すという動向が登場したとも言えるのではないだろうか。ただし、八〇年代の「マイバースデイ」のように、宗教的とも言える一つのまとまった世界観は求められていない。

加えて「魔女」というモチーフが、鏡自身は雑誌のなかで否定しているものの、女性が自分で自分の生き方を決定するという、フェミニズム的な性格を帯びていることも指摘できる。これは、歴史的な存在としての「魔女」が、近年ではフェミニズムの視点から再考されていることも影響していると考えられる。[20] 何よりも、女性たちが既存の社会に適応して生きるというよりは、自身の新たな生き方の方向性を探るために、「占い／おまじない」に関心をもっていることがうかがわれる。

ただし、こうしたフェミニズム的な性格や、新たな生き方を探るための要素が、ことさら押し出されているわけでもないことに注意したい。なぜなら、こうした「占い／おまじない」もまた、女性誌で消費の対象として置かれているものだからである。

そして、同じ「占い／おまじない」に魅了されたとしても、世界観や価値観を共有する仲間に期待することももはやできない。あくまで、雑誌での「占い／おまじない」はライフスタイルの選択肢の一つだからである。さらに、鏡による「占い／おまじない」に見いだされる神秘的で超越的な傾向や、それが示すフェミニズム的な性格を帯びた自由についても、日常の範疇にとどまるものである。それが、「スピリチュアル市場」における「占い／おまじない」が示す、女性の生き方の一つの答えだとも言えるのである。

## おわりに

本章では「スピリチュアル市場」での「占い／おまじない」が、成人女性たちに何を示すものなのか、鏡リュウジによる女性誌での執筆活動を手がかりに検討してきた。

次章では、これまで整理してきた一九八〇年代―九〇年代―二〇〇〇年代の「占い／おまじない」の変遷を振り返って整理しながら、冒頭で提示した課題に答えるとともに、いまだ新しいメッセージを発して変化し続ける「占い／おまじない」が、中心的な支持者である少女や女性たちに対してどのような役割を担っていたのかについてあらためて明らかにする。そしてその作業を通じて、彼女たちが置かれている社会的背景についても検討していきたい。

注

(1) だが、「スピリチュアル・ブーム」に若者がまったく関与していないわけではない。「スピリチュアル」に関心をもつ若者にインタビューして論じている堀江宗正『スピリチュアリティのゆくえ』(「若者の気分」、岩波書店、二〇一一年)を参照されたい。

(2) こうした世代の変化は、一九八〇年代と九〇年代に「占い／おまじない」の人気を担ったかつての少女が成長したという理由も考えられる。しかし、その点を証明することは困難であることは指摘しておきたい。

(3) 堀江宗正「メディアのなかのカリスマ――江原啓之とメディア環境」、国際宗教研究所編「現代宗教」二〇〇八年号、秋山書店

(4) Anthony Giddens, *Modernity and Self-Identity: Self and Society in the Late Modern Age*, Polity

Press, 1991.（アンソニー・ギデンズ『モダニティと自己アイデンティティ――後期近代における自己と社会』秋吉美都／安藤太郎／筒井淳也訳、ハーベスト社、二〇〇五年）
（5）牧野智和『自己啓発の時代――「自己」の文化社会学的探究』勁草書房、二〇一二年
（6）大宅壮一文庫雑誌記事索引検索ウェブサイト（「Web Oya-bunko」〔https://www.oya-bunko.com/〕［二〇一八年三月二十四日アクセス］）を参照されたい。
（7）詳しくは鏡リュウジ公式ウェブサイト「BETWEEN THE WORLDS」（〔https://ryuji.tv/〕［二〇一八年三月二十五日アクセス］）を参照されたい。
（8）講談社編「FRaU」二〇一一年一月号、講談社、五六ページ
（9）同誌五七ページ
（10）「an・an」二〇〇七年六月二十七日号、マガジンハウス、五六ページ
（11）同誌五七ページ
（12）「やっぱり魔女がすき！」、講談社編「FRaU」二〇〇五年八月号、講談社、一五七ページ
（13）同記事一五八ページ
（14）「今、まさに「魔女入門」」、講談社編「FRaU」二〇〇四年二月号、講談社、二〇六ページ
（15）同記事二〇六ページ
（16）同記事二〇七ページ
（17）「旅を終えて――北京雑貨市で思う中国」、講談社編「FRaU」二〇〇五年十一月号、講談社、一一八ページ
（18）前掲「FRaU」二〇〇五年八月号、一四三ページ
（19）「運命を変える絶対セオリー」「an・an」二〇一五年七月二十二日号、マガジンハウス、一六ペー

ジ

(20) ただし、鏡リュウジはエコフェミニズムを代表するとも言われているスターホークの著作を翻訳しているため、ある程度の影響を受けていると推測される。詳しくはStarhawk, *The Spiral Dance: A Rebirth of the Ancient Religion of the Great Goddess*, Harper Collins Publishers, 1979.（スターホーク『聖魔女術――スパイラル・ダンス 大いなる女神宗教の復活』鏡リュウジ／北川達夫訳〔「魔女たちの世紀」第一巻〕、国書刊行会、一九九四年）。

# 終章　「占い／おまじない」と少女がつむぐ「世界」、そのゆくえ

## はじめに

一九八〇年代に主に少女たちの間で広まった「占い／おまじない」は、当初は一過性のブームと考えられていた。しかし予想に反して、「占い／おまじない」はそのあり方を少しずつ変えながら現在まで社会に受容されてきている。それは一体なぜなのか。本書はこの問題について、八〇年代から二〇〇〇年代に至るまでに現れた「占い／おまじない」のなかでも、特に雑誌に焦点を当てて検討した。ここまでの考察で明らかになったことを以下にまとめておこう。

第1章では、「占い／おまじない」を含む「呪術＝宗教的大衆文化」がメディア、特に雑誌を媒介として広まったことに注目し、このような宗教的な動向がむしろ現代社会では主流となっているのはなぜなのかを、ピーター・L・バーガーの議論を手がかりに検討した。バーガーによれば、宗

教の世俗化が進行する近代社会では、日常は徐々に私的領域と公的領域とに分極化していった。そのなかで人々は、不確かな自己を生きるという感覚、すなわち「安住の地の喪失」という不安な感覚を抱えて生きていくことを余儀なくされるようになった。そして、その不安を慰撫するために、宗教の重要性が再び浮上してきたというのである。しかし、宗教はそれが市場化されて、いわば消費者によって選択されるものへと変化した。それに応じて、宗教や宗教的なものは、「市場」でアピールするために何らかの形で自らを〈パッケージング〉することが必要になった。他方で、「安住の地の喪失」という不安を生き抜くためには、もはや既存の宗教に依拠するだけでは足りず、いまや人は自らの手で「世界」を創出することが不可欠になっている。バーガーはそれを「DIY的宇宙」と呼んでいる。第2章以下では、現代日本の「占い／おまじない」の動向について、このようなバーガーの理論に基づいて分析した。

第2章では、少女向け占い雑誌「マイバースデイ」を取り上げて、一般的な記事と「占い／おまじない」に関する記事の内容を検討した。その結果、同誌では、専門の占い師が提示した「白魔女」が読者たる少女たちに大きな影響を及ぼすものだったことを明らかにした。「白魔女」とは、聖なる力を身に付けて自然と周囲から愛される理想像を指す。少女たちにとって「占い／おまじない」とは、その「白魔女」の理想像に向かって努力するように自身を励ますものにほかならなかった。しかも、そうした意味を帯びた「占い／おまじない」は、専門家によって与えられるだけでなく、読者が自分で考案した「占い／おまじない」を投稿することも奨励された。読者の投稿はやがて、ほかの読者と交流することで共同体を形成するものへと変化した。こうして、「マイバースデイ」の読者たる少女たちは、専門家の占い師に導かれながらも「白魔女」の理想像へ向けて努力することに意味を見いだす独自の「世界」を共同で作り上げてきたのである。

第3章では、一九八〇年代の「マイバースデイ」で手作りが重視されていたことに注目し、その役割について検討した。「マイバースデイ」は小物や料理の作り方の手引を数多く掲載していて、その作成手順には「占い／おまじない」の要素も付け加えていた。さらに、手作りする「おまじない」グッズには、見返りを求めない贈与財としての役割を担うことも提案している。こうして手作りの実践は、「マイバースデイ」が示す世界を自分の手で現実のものとするだけでなく、贈与によって他者と関係性をもつことにも向けられていたのである。

第4章では、一九九〇年代の「マイバースデイ」の「占い／おまじない」から「魔女」や「魔術」といった呪術的要素が薄れ、それにかわって「心理テスト」や「データ」などの、いわば科学的・客観的な言葉が多用されるようになった点に注目した。この変化が示しているのは、占いが学校で良好な人間関係を効率的に作るための実際的で能動的なツールとしての役割を担うようになったことである。他方、「おまじない」のほうは、手っ取り早く願望をかなえるための、より手軽な方法が主流になった。一方、少女だけでなく、幅広い世代に向けた「スピリチュアル」な内容の記事が目立つようになったのもこの時期の特徴である。だが、このような変化にもかかわらず、九〇年代には「占い／おまじない」そのものが勢いを失っていった。

第5章では、一九八〇年代と九〇年代の読者投稿欄を取り上げ、八〇年代と九〇年代とではどのような違いが見られるかを検討した。八〇年代の投稿欄では、読者が自ら創作した「占い／おまじない」を投稿してほかの読者と交流することで、一定の共同性が生み出されていた。また、「占い／おまじない」は恋愛と強く結び付けられていて、そこでは恋愛が重視されていたことがうかがわれる。こうした「占い／おまじない」について、バーガーによる〈知識〉と「制度」についての議論をもとに検討した。「制度」とは日常の基盤となる社会秩序のことであり、人間の営為によって「正当化」されることで形成される。そのためには、客観化した意味を与える〈知識〉が重要な役割を担う。投稿欄で〈知識〉の役割を担ったのが「占い／おまじない」であり、恋愛と強く結び付くことで、恋愛が共同性を打ち立てるのに欠かせない「制度」にまで誌面で引き上げられていたことが見て取れる。しかし九〇年代に入ると、「占い／おまじない」にまつわる投稿は減っていく。かわりに、少女が自らの神秘的な体験や能力をアピールする投稿が現れるようになった。

第6章では、二〇〇〇年代以降の「スピリチュアル市場」のなかで、成人女性を中心に「占い／おまじない」が再び人気を集めていることに注目した。ここでは、西洋占星術研究家の鏡リュウジが重要な役割を果たしている。鏡の記事では西洋占星術や魔女の歴史などを詳しく紹介していて、「占い／おまじない」としての側面が強調されている。読者自身が難解な西洋占星術を学習することで自分の物語を作るという、新しい方向性を提示しているのもこの時代の特徴である。

以上の考察を全体として俯瞰したとき、どのようなことが浮かび上がるのだろうか。以下、本書の冒頭で設定した三つの課題に即して明らかになったことをまとめておきたい。

## 1 「宗教の市場化」と「占い／おまじない」

一つ目の課題は、一九八〇年代―九〇年代―二〇〇〇年代という各時期に、「占い／おまじない」はどのような役割を担ってきたのか、それに対して少女や女性たちがどのような意識をもって関わってきたのか、という問いである。

すでに述べたように、近代での「安住の地の喪失」を個人はどのように生きるのかという問題について、バーガーは「宗教の市場化」と「DIY的宇宙」という二つの観点から論じている。では、この二つの観点から考察するとき、一九八〇年代以後の「占い／おまじない」の動向は何を表すものとしてとらえられるだろうか。まずは、「宗教の市場化」の観点から考えていきたい。

一九八〇年代は、占い雑誌の存在自体が「宗教の市場化」を体現するものだった。すなわち、「宗教ブーム」が到来し、メディアを通して「呪術＝宗教的大衆文化」が広がるなかで、ほかでもなく「マイバースデイ」という雑誌を選ぶ行為は、「宗教の市場化」という状況を前提にしてこそ成り立つものである。つまり、雑誌メディアという「市場」のなかで、「マイバースデイ」という媒体を選ぶ事態こそが、「宗教の市場化」が進んだ結果だったということである。

だが、それ以上に注目すべきは、この「市場」を通したコミュニケーションのなかで、「占い／おまじない」を基盤にする独自の世界が立ち上がるに至ったことである。「マイバースデイ」では、有力な占い師が「白魔女」の理想像を組み込んだ独自の価値観に基づく「占い／おまじない」を示してきた。また、教師的な役割を担う占い師が、読者たる少女たちの現実世界である学校空間に焦点を当てて、少女たちの悩みに対応する「占い／おまじない」を展開した。さらに読者にとっては、雑誌を通して占い師と交流したり、読者投稿欄でほかの読者とやりとりしたりすることが大きな魅力の一つとしてあった。なかでも、「マイバースデイ」の「占い／おまじない」が示す「世界」観を土台としながらも、少女たちが独自に考案した「占い／おまじない」を誌面で教え合うことが重要な意味をもっていたのである。

　こうしてみると、一九八〇年代の「マイバースデイ」は専門家の手による「占い／おまじない」によって「白魔女」の理想像を示しながらも、それを読者自身の手に委ねることで、宗教的なものの市場化を促したと言えるだろう。バーガーが想定していたのは、既存の宗教が需要に応えながら外貌や内容を変えて対応するという「宗教の市場化」だった。しかし、ここでは「占い／おまじない」が「市場」での需要に応えて読者を包摂し、そのことで強固な「世界」を築き上げることに成功している。つまりは、「宗教の市場化」そのものが、新たな宗教的なるものを創出したと考えられるのである。これは、宗教や宗教的なものの、現代社会における新しい動向だと言えるだろう。

　しかし、一九九〇年代に入ると「占い／おまじない」は、学校での人間関係を把握して良好な人間関係を効率よく築き上げる利便性が高いツールへと変化した。こうした変化から見えるのは、「マイバースデイ」の「占い／おまじない」が、読者の変容に即応しようとしたということである。同時にそれまでの宗教的な世界観が解体され、場面に応じて細分化した「占い／おまじない」が示されるようになった。誌面に見られる「占い／おまじない」の個人主義的な性格は、九〇年代に初めて強調されるようになったのである。

しかし、学校での人間関係を効率よく把握して適切に対処することだけが目的であるなら、なにも「占い／おまじない」に頼る必要はない。このように「占い／おまじない」がもつ価値が相対化したことが、二〇〇六年に「マイバースデイ」が休刊に至ったり「占い／おまじない」ブームが下火になったりした遠因であることは想像に難くない。

ただし、この時期の「マイバースデイ」には、少女に限らず幅広い世代の女性を対象に、前世や霊といった「スピリチュアル」なトピックを取り上げたエッセーが目立つようになった。これは、「宗教の市場化」での需要の増大を反映した結果と推測される。なぜなら、このような動向は二〇〇〇年代に入って到来した「スピリチュアル・ブーム」で見られるようになった動向と類似しているからである。

二〇〇〇年代の「スピリチュアル・ブーム」は、それこそバーガーがいう「宗教の市場化」の現れにほかならないと言えるだろう。この時期の「宗教の市場化」ではネットが大きな役割を担うようになったことが挙げられるが、雑誌も引き続き「スピリチュアル」な商品を媒介するものとして「宗教の市場化」の一翼を担っている。その「スピリチュアル・ブーム」で再び「占い／おまじない」が注目されるようになったことも、見落としてはならない点だろう。ただし、二〇〇〇年代の「占い／おまじない」の人気は、「占い／おまじない」や「スピリチュアル」を専門に取り上げた雑誌というよりも、成人女性向けのライフスタイル誌やファッション誌が主な担い手だったことが特徴だろう。

二〇〇〇年代の「占い／おまじない」で中心的な存在である西洋占星術研究家の鏡リュウジは、「占い／おまじない」の手ほどきを通して女性たちにあるべき理想像を提示することはない。鏡にとって、現代女性は「魔女」という理想に向けて自らを高めるべき存在というよりは、いまあるがままですでに社会の規範から自由になりうる「魔女」なのである。鏡が占星術の歴史やユング心理学についても詳しく解説しているのは、こうした知識を教養として扱おうとする彼のスタンスを示すものといっていい。そして興味深いことに、鏡の雑誌における立場からは、「スピリチュアル市場」ではカリスマとしての占い師は求められていないことがうかがわれる。これは、「マイバースデイ」で読者と占い師による共同作業によって「世界」が作られていたとはいえ、ルネが教祖的な立場にあり、マークがルネの価値観を媒介する教師的な立場に置かれていたことと対照的だと言える。

以上が、一九八〇年代から二〇〇〇年代にかけての「占い／おまじない」の動向の意味を「宗教の市場化」という観点から検討した結果、浮かび上がってきたことだ。だが、もちろんこれだけでは問題を十分にとらえることはできない。この不十分さを補うには、「安住の地の喪失」を生きるもう一つの手立てである「ＤＩＹ的宇宙」と、宗教や宗教的なものをよりよく見せる〈パッケージング〉について検討する必要がある。「マイバースデイ」については、そこで手作りが重視されていることに注目することが、検討する手がかりを与えてくれる。

## 2 「DIY的宇宙」としての「占い／おまじない」

一九八〇年代の「マイバースデイ」では、手作りが重要な意味を担っていた。一般的な日常生活についての情報を扱った記事で、小物や菓子、さらには家具までも含めてさまざまなものの作り方の手引を掲載してきたが、これらの手作りには、「占い／おまじない」の要素が付け加えられている場合が少なくなかった。「占い／おまじない」の記事でも、既成の「おまじない」グッズを利用するよりも、自分で作ることを推奨していた。しかも、その手作り品は自分が使うだけでなく、ほかの人にプレゼントすることをも視野に入れたものだった。このように、「占い／おまじない」に関わるグッズの手作りを重視し、しかもプレゼントとしての意味さえ付与したのは、手作りという行為を通して「世界」を作り上げ、しかもそれを他者と共有することに神聖な意味を与えていたからである。

一九八〇年代の「占い／おまじない」での手作りを重視する姿勢は、また別の役割をも担っていた。八〇年代の「マイバースデイ」では、読者たちは自ら考案した「占い／おまじない」を投稿することでほかの読者たちと交流していたが、それはただ単に同じ関心をもつ者同士の交流を促したことだけに意味があったわけではない。彼女たちはその交流を通して、恋愛に特化した「占い／おまじない」をいわば共同制作していたのである。こうして、恋愛は自己成長を達成するための彼女たちなりの一つの定式、すなわち「制度」として成立するに至った。ここに、「占い／おまじない」は、読者たる少女たちの共同性を強化することで「世界」観を確かなものとするだけでなく、より強固に読者たる少女たちの日常に入り込んでいったのではないだろうか。そしてこのように、手作りと結び付いた「占い／おまじない」は、私的領域に意味を供給する「ＤＩＹ的宇宙」としての役割を担うものだったと考えられる。ただし、八〇年代の「マイバースデイ」では、「占い／おまじない」はあくまで学校という公的であると同時に私的でもある領域と深く交差し、そこに意味を供給するものだったことに留意する必要がある。

一九九〇年代に入ると手作りの要素は誌面から後退していったが、二〇〇〇年代の「スピリチュアル・ブーム」のなかで、手作りの要素が再び人気を集めるようになった。先にふれたように鏡リュウジは、「占い／おまじない」を自分で習得して実行するものとして読者に示している。しかしそれは、学校や職場などの公的領域ではなく、あくまで私的領域のなかで実行するものであって、〇〇年代の「占い／おまじない」は、「ＤＩＹ的宇宙」を私的領域に作り上げるための手引として示されている。この〇〇年代の「宗教の市場化」では、「占い／おまじない」が雑誌に媒介されている点はそれまでと変わらないが、もはやかつてのように宗教的な空間を立ち上げることはない。なぜなら、他の読者とともに「世界」を作り上げるという場が、雑誌のなかで設定されていないからである。さらに「占い／おまじない」は、ライフスタイルの情報の一部として提示されるにとどまる。この変化については、後述したい。

このように、一九九〇年代をはざまとして、八〇年代と二〇〇〇年代のいずれでも「占い／おまじない」に見られる「DIY的宇宙」の創出は重要な側面だった。しかし、一九八〇年代の「占い／おまじない」に見られる「DIY的宇宙」は、「宗教の市場化」の動向のなかで付随的に浮かび上がったにすぎないのに対して、二〇〇〇年代の「占い／おまじない」は「DIY的宇宙」を私的領域に創出するための手引として意識的に取り込まれた点で、大きな違いが見られるのである。

ところで、「占い／おまじない」は種々雑多な要素からなっているが、それに統一性を与えるのが、バーガーがいう〈パッケージング〉である。では、なぜ「占い／おまじない」が〈パッケージング〉を取り入れるのか——それは「宗教の市場化」のなかで競合するほかの対象との差異を際立たせ、商品としての魅力をアピールするためにほかならない。さらに、〈パッケージング〉によって「占い／おまじない」は商品としての統一性を身にまとうのである。

一九八〇年代の「マイバースデイ」で〈パッケージング〉の手立てとして用いられたのは、当時、少女たちの間で流行した少女文化だった。かわいらしさや美しさを強調した少女マンガ家によるイラストやデザインを施されることで、雑多な「占い／おまじない」に統一感がもたらされるだけでなく、それが提示する「世界」にも統一性を与えることになった。当時流行していた少女マンガが、恋愛を通した精神的な成長を価値づけるモデルとして示されていたのも、〈パッケージング〉の一つの様式だったと考えられる。本来は、共同体のアウトサイダーである魔女が「白魔女」や「魔女っこ」として内部に取り入れられたのもまた、〈パッケージング〉の一つのあり方だったと言えるだろう。このような少女文化に基づいた〈パッケージング〉が、その中身を手に取りやすくするのに大いに貢献した。

だが、一九九〇年代に入ると、諸々の「占い／おまじない」が少女文化によって〈パッケージング〉されることは少なくなった。その理由としては、何よりも「占い／おまじない」がもはや少女たちにとって重要な意味をもたなくなったことが挙げられる。また、〈パッケージング〉の手立てとしての少女文化そのものが多様化し、かつてほど明瞭ではなくなったという事情も影響している。この時期の雑誌に現れた「占い／おまじない」では、学校での人間関係の形成や恋愛の成就などのより実際的な事柄よりは、「スピリチュアル」な面が強調される傾向が強くなったこともこうした変化と関わっているように思われる。

二〇〇〇年代に入ると、「占い／おまじない」は、それを取り上げるファッション誌やライフスタイル誌それぞれの意匠をそのまま身にまとって提示するようになった。これも一種の〈パッケージング〉と言えなくもないだろうが、かつてのように独自の「世界」を強調するものとして〈パッケージング〉が用いられているわけではないことは確かである。このような変化はもちろん、「占い／おまじない」が専門誌ではなく、ライフスタイル誌やファッション誌に掲載されるようになったことに関わっている。

だが二〇〇〇年代の「占い／おまじない」から〈パッケージング〉の動向が衰退したことが意味するより重要な点は、同じく「占い／おまじない」に関心をもつ者同士が「白魔女」といった理想像を仲立ちとして結び付いて共同性を作り出したいという欲求が薄れてきた、と考えられることである。それは、宗教の個人化や宗教的なものの個人化が、成人女性たちの間でより一層進んだことと関係しているといってまちがいないだろう。他方で、共同体に制約されない自由な存在としての

「魔女」のイメージが「占い／おまじない」に付与されるようになったのも、その変化と関係していると考えられる。

## 3　「占い／おまじない」に見いだされる個人の意識と社会的背景

本書の二つ目の課題は、少女や女性が「占い／おまじない」に関与する際に抱いていた意識が、時代的・社会的背景とどう関係しているのかを明らかにすることだった。この課題には、「占い／おまじない」が「少女らしさ」や「女性らしさ」とどのように結び付いてきたのか、そこにジェンダー規範がどう影響したのかという問題も含まれる。

一九八〇年代の「占い／おまじない」には、学校での人間関係に正面から向き合う努力をすることが人間的な成長をもたらすというメッセージが込められていた。少女たちがこのような「占い／おまじない」を支持してきたのは、そのメッセージが彼女たちにとって魅力的だったからにほかならない。周囲から愛される存在である「白魔女」が理想像として提示されていたことも、同じ理由によるものだろう。

このような「占い／おまじない」からは、学校空間のなかで周囲からネガティブな印象を抱かれて嫌われたくない、という少女たちの不安が透けて見える。そればかりか、「明るくない」「消極的」といったネガティブな印象をもたれることに対しておびえの感情さえうかがわれる。しかし、良好な人間関係の形成は、努力すれば達成できるというほど容易なことではなく、いくら努力を重ねても何の成果も得られないかもしれない。だが、そうした漠然とした不安を抱きながら、いや、そうであるからこそ彼女たちは努力の価値そのものを「占い／おまじない」によって信じたのではないか。

一九八〇年代のこのような動向に対し、九〇年代の「占い／おまじない」で「白魔女」という理想像に近づくための努力、「周囲から愛される存在」となるための努力そのものがもはや重視されていないのは、努力に見いだされる価値が衰退したためと思われる。しかし、学校での人間関係を効率よく把握して良好な関係を作り上げたいという欲求が高まったのは、学校での人間関係が切実な問題でなくなったからではない。それどころか「占い／おまじない」の変化は、学校での人間関係について、少しでも対応を誤ってはいけないという緊張感と、人間関係につまずくことへの不安感が一層強くなった結果にほかならないのではないだろうか。

以上のように、一九八〇年代と九〇年代の「占い／おまじない」のありようからは、日々変化する学校空間のなかで、そのつどの場面に合わせて、自分を変えて生きていかなくてはならない少女たちの状況適合的な視線が見いだされる。絶えず変化をするよう迫られる彼女たちの生き方からは、帰着する場所が見つからず、確かな自己をもつことができない「安住の地の喪失」の不安がうかがわれる。さらにそれ以上に、複雑で濃密な人間関係のなかで、周囲から冷たい視線を一瞬でも向けられてはならないという、関係性への緊張感あふれる不安や葛藤が見いだされるのである。

ただし、学校という空間が少女たちにとってどのような場所だったのかをめぐっては、バーガーの見立てが当てはまらないのは注意しておきたい。なぜならこれまでもふれてきたように、学校とは自分の内面性を培う場という意味では私的領域であると同時に、外部から課せられる学習にいそしんだり、仲間とともに部活に取り組んだりする場という意味では公的領域でもあるからである。

しかも、それだけではない。学校という空間が少女たちにとってどういう場所だったのかをさらに掘り下げるには、学校そのものがもつジェンダーバイアスの視点をふまえることが欠かせない。一九八〇年代の大学進学率は全体の約三〇パーセント程度にとどまっていて、しかも女子の進学率は男子女子は男子よりも低かった。このことから、少なくとも進学や就職での自己実現のイメージが、女子の進学率より限られたものだったと推測できる。言い換えれば、女子には学校を卒業したあとの将来に望みをかけたり、現状とは異なる世界を想像したりすることは難しかったと考えられる。それよりも、目の前の現実である学校で周囲から好感をもってもらうことのほうが、女子にとっては何よりも優先すべきことだったのではないだろうか。さらに、八〇年代はいじめが社会問題として表面化した時期でもある。学校での人間関係から疎外されていじめの標的にならないように学校でのコミュニケーションに最大の注意を払うことは、彼女たちにとって切実な問題だっただろうことも想像に難くない。

学校での現実を重視する女子のほうが「占い／おまじない」に親和的だったのは、こうした時代背景が影響していると考えられる。「占い／おまじない」が少女文化によって〈パッケージング〉されたのも、こうした事情と関わっているだろう。少女たちにとっては、「少女らしさ」を脱却するのではなくむしろ内面化して培うことが、自己を強化するうえでも学校を無難に過ごすうえでも有益だったのである。

ただし一九九〇年代に入ると、この〈パッケージング〉の輪郭は不明瞭なものになり、「占い／おまじない」に統一性を与えて確かな世界観を示すものではなくなった。理由としては、全面的な支持を受ける少女文化が衰退したことや、その背後にある「少女らしさ」が多様化していったことがあるだろう。だがそれ以上に、九〇年代の「占い／おまじない」がより確かな「世界」を示すものではなく、個人にとって利便性が高いことを示すものへと変化したのが影響していると考えられる。

二〇〇〇年代に入ってからの「占い／おまじない」は、個人が自分の手で私的領域に意味をもたらすものへと変わった。この変化の背景には、女性自身が生きていくための指針や意味をみずから打ち立てたいという願望を抱くようになったことがある。さらに、本書で取り上げた雑誌に限って言えば、女性が仕事でキャリアを積むようになるなかで、未来というよりは、今後生きていくための指針が必要とされていることがうかがえる。〇〇年代のこのような「占い／おまじない」のありようこそ、現在の日本社会の「安住の地の喪失」を意識的に生き抜く、よりどころとして期待されている現れと言える。ただし、それは「安住の地の喪失」という不安を、根本的に解決するものではないし、また解決するという役割は期待されていない。

さらに、「占い／おまじない」が仲間との共同性を作り上げる契機になった一九八〇年代・九〇年代とは違って、「占い／おまじない」は他者と共同でより強固な「世界」を作るものではなくなった。専門家が多様な雑誌で活躍している状況からは、逆に「占い／おまじない」の側が女性の多様な生き方に合わせて「占い／おまじない」を示している様子がうかがえる。他方でこうした特徴からは、カリスマ的な占い師などから一方的に価値観を押し付けられることを回避しようとする、読者の「占い／おまじない」に対する距離感が見て取れる。このような姿勢には、九五年のオウム真理教による事件が影響していると言ったら言い過ぎだろうか。だがそれだけでなく、個としての自分を保ちたいと願う女性たちの意志が大きいという点がおそらく最も大きく影響している。

つまり彼女たちが「占い／おまじない」に関心を寄せるのは、「安住の地の喪失」という不安を抱えながら、なおかつ個として生き抜いていきたいという願望を抱いているからにほかならない。そして、このような特徴を示しながらも、それでも「占い／おまじない」が依然として女性文化の〈パッケージング〉と不可分な関係にある。

この違いは単に一方は少女が、他方は成人女性が「占い／おまじない」の当事者であるという点からくるというよりは、二〇〇〇年以降に女性の生き方が多様化するなかで、社会での「女性らしさ」の意味や価値が揺らぎ始めたことと関わっている。この揺らぎのなかで、女性としての自己の存在を確証する枠組みのために、女性たちは「占い／おまじない」に目を向けていると考えられるのである。ファッション誌のなかに「占い／おまじない」が組み込まれた理由も、これと関係しているのではないだろうか。

一九九〇年代にひとたび薄れた「魔女」のイメージが二〇〇〇年代の「占い／おまじない」に再び取り込まれているのも、「女性らしさ」を確証して生きようとする願望を象徴している。ただし、現在の「占い／おまじない」では、「魔女」は遠くにある理想像としてではなく女性が自らの姿と重ね合わせるイメージとして示されている。社会的には逸脱した存在でありながらも、自らの「女性性」とそれに伴う智慧をもとに生きる存在だった「魔女」は、現在の女性たちを励ます存在にほかならない。

成人女性たちが「占い／おまじない」に向けるまなざしは、なおジェンダーのバイアスを強化するものであることに留意する必要があるだろう。それでも、「魔女」のイメージにフェミニズム的な要素が付与された変化からは、男性を中心とする社会へのささやかな抵抗も同時に見て取れるのである。

## 4　「占い／おまじない」とオウム真理教

本書の三つ目の課題は、同じ「宗教ブーム」を土台にしながら、「占い／おまじない」がオウム真理教のように暴力を誘発することがなかったのはなぜかという問題である。この問題については、バーガーがマンソン・ファミリーについて言及した論点が重要な示唆を与えてくれる。マンソン・ファミリーは、悪魔を崇拝するチャールズ・マンソンを中心にアメリカで疑似家族的な小集団を形成して、一九六八年に俳優のシャロン・テートをはじめ数人を無差別に殺傷したことで一躍有名になった。彼らが出現した背景には、当時のニューエイジ運動の広がりがある。

バーガーの議論を振り返ってみよう。彼によれば、近代での「安住の地の喪失」を生きることに人々は耐えることができない。そのために人々は、宗教の「市場」から宗教を調達したり、私的領域に「DIY的宇宙」を組み立てたりしようとする。だが、生まれたときから「安住の地の喪失」を生きる現代の若者は、それでもその状況にさえ耐えられない場合がある。そこで、「安住の地の喪失」という不安を根底から払拭するために、「安住の地」そのものを形成することを試みようとする。しかし、それは全体主義的な傾向を帯びて、現実の複雑性を縮減し、道義的なあいまいさをもたらす可能性もある。その典型例が、マンソン・ファミリーだとバーガーはいうのである。

もちろん、マンソン・ファミリーとオウム真理教は、無関係な人々を無差別にねらう暴力を発動した点で共通しているとはいえ、安易に対比することは難しい。宗教的背景や時代状況、暴力に至る経緯、集団内でのジェンダーなど、あらゆる点で両者は大きく異なっているからである。だが、バーガーがマンソン・ファミリーについて指摘する全体主義的な動向とそれによる現実の複雑性の縮減が、暴力を外に向けて発動させたという特徴は、オウム真理教にも見いだせると言える。

例えば、オウム真理教の幹部信者で地下鉄サリン事件の実行犯でもあった林郁夫は手記のなかで、世界を救済するという教祖の麻原彰晃の主張に共鳴して入信したと述べている。世界を救うという目的のもと、林は教団内で修行に没頭して麻原に付き従うようになった。そして、阪神・淡路大震災が起こったとき、ボランティアにいかないオウム真理教のありように違和感を抱きながらも、ついには地下鉄にサリンをまくという犯罪に手を染めるに至った。そのときの心情について林は、坂本堤弁護士一家殺害事件や松本サリン事件をきっかけに教団に向けられていた捜査の目を攪乱することが、「真理を守るため」には不可欠だったからだと述べている。(1)

林の手記からは、オウム真理教が教団の外側の社会を拒絶するのではなく、むしろ社会を教団の世界観や教義に当てはめて変革することを目的としていたことがうかがえる。それを、オウム真理教や麻原は「救済」と呼んでいた。しかし、彼らが「救済」するというその社会のイメージは、現実の複雑性と多様性が捨象され、きわめて単純化されたものだった。このような単純な社会像を抱いていたことが、社会に地下鉄サリン事件をはじめとする暴力を差し向けた、重要な背景要因の一つだったと考えられる。言い換えれば、地下鉄サリン事件は、社会の複雑な現実を教団の世界観に基づいて単純なものに組み替えようとした結果にほかならない。ただし、教団の外側の社会を「救済」しようとしたのは一部の信者であり、信者の大多数は、もっぱら自分自身を「救済」することに関心があった。そのことは、事件後に出版した信者らの手記やインタビューからも見て取れる。(2)

「占い／おまじない」は、同じ「宗教ブーム」に属するものでありながら、暴力を現出させたオウム真理教とは正反対の位置にある。すなわち、「占い／おまじない」は、学校という現実に対して、オウム真理教がいうような「救済」という変化を求めるものではなかった。そうではなく「占い／おまじない」は、学校という現実に対して過剰なほど適応するための努力に価値を置くものだった。この傾向は時代を経るにつれてますます強められ、オウム真理教との違いは一層際立つようになった。

「占い／おまじない」はまた、急激に変化する消費社会とも親和性が高かった。一九八〇年代に手作りが重視されたのは、消費社会へのカウンターではなく、むしろ消費社会化に適応する役割を担っていた。九〇年代に入ると手作りは後退したが、それは「占い／おまじない」が消費社会に背を向けたからではなく、消費社会がもはやあえてコミットするまでもない、自明的なものになったからにすぎない。

そして決定的なのは、「占い／おまじない」では少女たちが主役だったことである。オウム真理教でも、特に女性信者たちはおおむね世界の救済といった事柄に関心が薄かったが、もっぱら自分の位置づけに強い関心をもっていたという特徴は、「占い／おまじない」の少女たちとオウム真理教の女性信者たちの両者に共通して見いだされることである。つまり、「占い／おまじない」もオウム真理教も、少女や女性たちにとってはいわば「安住の地の喪失」という状況を乗り越えるために依拠する対象だったのであり、社会変革という根本的な解決を彼らは望んでなどいなかったということである。(3)

その意味で、一九八〇年代から少女たちはすでに、「安住の地の喪失」を解決するのではなく、そのなかで生き続けることを「占い／おまじない」や宗教的なものに期待していたのではないだろうか。そしてそれが、現在の「スピリチュアル市場」に見られる「占い／おまじない」に通底していることも考えられる。

ただし繰り返すが、オウム真理教と「占い／おまじない」との比較は、現段階ではまだ十分に議論できる状況にない。なぜなら、オウム真理教とは何だったのかが、いまだ十分に解明されているとはいえないからである。

## 5　現代日本社会のスピリチュアリティの今後──「おわりに」に代えて

以上、本書の冒頭で掲げた三つの課題について明らかになったことを整理してきた。これをふまえて、「占い／おまじない」をはじめとする「呪術＝宗教的大衆文化」をめぐっていまどのようなことが起こりつつあるか、また今後どのようなことが課題となりうるかを断片的ながら素描しておこう。

従来の伝統宗教や新宗教の多くは女性を男性よりも一段低いものと位置づけて、秩序立ててきた。そのうえで、特に家庭のなかでの「妻」「母」「娘」といった役割に即して、また子どもを産み育てる存在という観点に立って、女性としての生き方を示してきたのである。

このような伝統宗教や新宗教に対して、「占い／おまじない」は少女としての生き方を主題とした点で大きく異なっている。その意味で、一九八〇年代以降に主に雑誌を舞台として展開された「占い／おまじない」は、日本で初めての女性のために生み出された「宗教」だったと言っても過言ではない。だが皮肉にも、それは既存の社会に批判的な立場をとるのでもなければ、既存の社会に変化を与えようとするのでもなく、むしろ目まぐるしく変化する現実に適応する指針として少女や女性に支持されてきたのだった。さらに、「少女らしさ」や「女性らしさ」と結び付くことで、旧来の社会に埋め込まれてきたジェンダーバイアスを一層強化するものでさえあった。

現在の「占い／おまじない」は、専門家に依頼するよりは自分で実行するものが主流になっている。もちろん、メディアで示される占いをチェックする人や、占い師に鑑定を依頼する人も少なくない。最近では、ネットを通じた「占い／おまじない」が広がりを見せていて、遠くにいる占い師に気軽に占ってもらえるようにもなった。横浜の中華街にある占いの館のにぎわいに代表されるように、観光のついでに気楽に占ってもらえるスポットも人気を博している。そこでは、ちょっとした不安や悩みに対して何らかの答えを得たいという人々の気持ちだけでなく、何か不思議なもの、日常を超えたものにふれたいという欲求も見て取れる。

本格的に「占い／おまじない」を習得しようとする人々のなかには、「魔女」を名乗って活発に活動する女性たちもいる。彼女たちは、ウェブサイトやオカルトショップなどから専門的な知識を習得したり、自分で道具をそろえて「儀式」をおこなったりしている。さらに、カヴン（coven）と呼ばれる「魔女」同士のゆるやかな連帯が形成されたりもしている。こうした動向をめぐって注目されるのは、彼女たちがフェミニズムからの影響を強く受けていて、ＬＧＢＴへの関心も高いことから、従来のセクシュアリティに対して揺さぶりをかけるほどの力を獲得しつつあることである。男性やセクシャルマイノリティをも巻き込んだ「魔女」の広がりのなかで、「占い／おまじない」はこれからどのように展開していくのか、今後も注目していく必要がある。

「スピリチュアル市場」のなかで近年、「女性」として／「母親」としての生き方を模索する女性たちが現れているのも注目すべき動向である。例えば、「スピリチュアル市場」のなかには、「子宮系」と呼ばれるジャンルが注目を集めている。これは、女性の生殖器である子宮に神聖性を見いだすことで、女性として輝く生き方を模索したり、母親になる準備をしたりするための一連のメソッドを指す。子宮に神聖性を見いだすヨガや瞑想、母親の胎内にいたころの記憶を子どもが語る「胎内記憶」をテーマにした映画などが人気を集めている。ただし、性器を神聖視する性器崇拝自体は日本でも古くからあり、伝統的な宗教観との相違も含めて検討していく必要がある。

ほかにも、子どもをできるだけ「自然」に出産して育てるために、食事や日用品にこだわったり病院に頼らないようにしたりする「自然派」と呼ばれる女性たちの動向もある。「自然派」は以前から見られたが、二〇一一年の東日本大震災をきっかけに活動の活発さを増してきた。かつては医療に関わることと考えられてきた妊娠と出産をめぐって、「スピリチュアル」へ傾斜する動向が現れているのは、興味深い点である。

これらの動向の背後には、妊娠、出産、育児、子どもの健康や成長、そして母親としての自己という存在への不安の高まりがある。しかし、かつてに比べて知識や情報が得やすくなった現在の環境のなかで、「スピリチュアル」への傾倒が強まってきているのは、女性が抱える生きづらさがかえって深刻化していることを示唆する皮肉な事態というべきだろうか。

だが、女性と「スピリチュアル」の関係から見えるのは、女性個人が抱える悩みではない。現在の「スピリチュアル」は妊娠、出産、育児という私的領域、特に家族と結び付いている。他方で現在でも、親が宗教教団に入信してその子どもの意志とは関係なく教団の教義に沿って教育されるという「二世問題」が社会問題になっている。同じような問題は、「スピリチュアル」を選択する家庭でも起こっている可能性は十分に考えられるのではないだろうか。さらには、それは各家庭に潜在的に組み込まれるようになり、可視化されにくいという点で、より深刻な問題を引き起こしていることも考えられるのである。

ただし、言うまでもないことだが、「スピリチュアル」に関心をもつ人のすべてが問題を抱えているわけではない。それどころか、「スピリチュアル」に関心を寄せる人たちのなかでは、「スピリチュアル」なものを取り入れることで、現実の不安定さを調整し、「安住の地の喪失」という近代の宿命を前向きに生き抜こうとしている人のほうが多数派である。この事実をふまえれば、少なからぬ女性たちが「スピリチュアル」なものに関心を寄せている事態を暗に揶揄するのではなく、彼女たちなりに現代社会の困難を生き抜こうとしている姿の現れとして正面から向き合い、検討していくべきだろう。

宗教をめぐる新たな動向はこれまでにも繰り返して生じてきたが、そのつど社会から怪しまれたり、危険視されたりすることが少なくなかった。研究者も同様である。特に、一九九五年のオウム真理教による事件は、研究者と宗教との関係や距離のとり方についていまもなお、課題を突き付けていると言っていいだろう。しかし、特に近代以後の時代は、宗教の「市場化」の進行を背景として、人々が新たな宗教や宗教的なものへの願望を高めている時代だということができ、それに関わる人々も多様だと予想できる。新たな動向に目を凝らすうちにおのずと浮かび上がってくる人々の価値観や意識、さらには社会そのものの実像について、誠実に向き合って検討することが求められている。

注

（1）詳しくは、林郁夫『オウムと私』（〔文春文庫〕、文藝春秋、二〇〇一年）を参照されたい。なお、同じ幹部信者だった早川紀代秀も、世界の救済に関心をもってオウム真理教に入信したことをつづっている。詳しくは、早川紀代秀／川村邦光『私にとってオウムとは何だったのか』（ポプラ社、二〇〇五年）を参照されたい。

（2）一般信者の手記については、例えばオウム真理教に入信してから脱会するまでをつづった高橋英利『オウムからの帰還』（草思社、一九九六年）や、オウム真理教の脱会者が結成した「カナリヤの会」による手記であるカナリヤの会編『オウムをやめた私たち』（岩波書店、二〇〇〇年）を参照されたい。

（3）大塚英志は、オウム真理教が女性信者たちにとって自己実現のための「転職」先の一つだったと指摘している。詳しくは、大塚英志「「彼女」たちのオウム真理教」『「彼女たち」の連合赤軍――サブカルチャーと戦後民主主義』（文藝春秋、一九九六年）八〇―一〇一ページ。

# 初出一覧

本書は、以下の論文を大幅に加筆・修正してまとめたものである。

序　章　書き下ろし
第1章　書き下ろし
第2章　「「占い・おまじない」と少女——雑誌『マイバースデイ』の分析から」、日本宗教学会編「宗教研究」第三百八十一号、日本宗教学会、二〇一四年
第3章　「「おまじないグッズ」における「手づくり」と少女——『マイバースデイ』の事例から」、関東社会学会機関誌編集委員会編「年報社会学論集」第二十七号、関東社会学会、二〇一四年
第4章　「脱「魔女」化する「占い・おまじない」——90年代『マイバースディ』を中心として」「ソシオロゴス」第三十九号、ソシオロゴス編集委員会、二〇一五年
第5章　「〈知識〉としての「占い／おまじない」と少女——雑誌『マイバースデイ』読者投稿欄の分析から」「応用社会学研究」第五十八号、立教大学社会学部、二〇一六年
第6章　「「占い・おまじない」と女性——鏡リュウジと「地図」の変容」「ソシオロゴス」第三十六号、ソシオロゴス編集委員会、二〇一二年
終　章　書き下ろし

# あとがき

「占い／おまじない」の研究に取り組むようになって、いくつかの占いイベントや占い教室に参加してきた。印象に残っているものの一つが、二〇一七年七月に表参道ヒルズで開催された「占いフェス」である。このイベントは、主に占いサイトで占いコンテンツを制作している企業「ザッパラス」が主催したもので、一九年一月には五回目を数えている。「占いフェス」では、占い師やタレントによるトークショーが開かれたり、表参道らしい、洗練されたデザインのお守りやおみくじなどが売られたりしている。なかでも目を引いたのは、占い師たちによる十分間ほどの簡易鑑定を受けるために、表参道ヒルズの建物のなかに長蛇の列ができていたことである。待ち時間が一時間半と聞いて、とても驚いた。たまたま一緒に居あわせた鏡リュウジさんも、占いの潜在的な需要の広がりを目の当たりにして、意外に感じたとおっしゃっていた。

また、鏡リュウジさんの弟子である sugar さんが「ちえの樹」で開講している、西洋占星術入門講座を受講したことも印象に残っている。早稲田にある「ちえの樹」は、かつて「マイバースデイ」編集部や「魔女っこハウス」があった場所に開設されていて、実業之日本社とともに「マイバースデイ」を担当してきた説話社が運営している。入門講座の全課程に参加することはできなかったが、星座の歴史的な由来や、ホロスコープから星と運勢を読み解く方法などを、細かく丁寧に教えてもらった。一回の受講料は、飲み会の料金程度といえばおわかりいただけるだろうか。二十人ほどの受講者のなかにはさまざまな世代の女性や、また男性もいた。

とても難しい内容だったというのが、受講して抱いた感想である。まず、自分が生まれたときの星座の位置を調べなくてはならない。いまではパソコンで簡単に調べられるが、以前はどのようにしてホロスコープを作っていたのだろうか。また、星座同士のわずかな関係や角度が意味をもつので、全体を慎重に見極めなくてはならない。さらにホロスコープは、星座のシンボリックな意味に関わる歴史や心理学の素養をもとにして初めて解読できる。数学や心理学が苦手、芸術を解釈する素養も不十分な私は、占い師には到底なれそうにないことを自覚させられた。

それでも、私が生まれたとき、私の頭上で星がどのような位置関係にあったかを知ったり、星の動きと「私」が呼応していることを想像したりすることは、とても興味深い体験だった。あたかも、普段の「私」を違う角度から見ているかのような、また「私」の日常が目に見える形で現れたかのような、そんな不思議な体験だった。抽象的な例えになるが、日常がプラネタリウムのスクリーンに包まれているような感覚だったのを覚えている。

私が現代日本社会における宗教や宗教的なものの動向に関心をもつようになってから、ずいぶんと長い時間が経った。その間、「占い／おまじない」をはじめとするさまざまな事象を調べるたびに、マンガ家・山岸凉子の短篇集『天人唐草』に収められた作家・中島らもの次の解説をよく思い出す。

みんなこの世界を前にして途方に暮れている。誰にどう話せばよいのか、彼等はその文法を知らない。唯一よく理解でき、信ずるに足るものが「自殺マニュアル」だったり、ピストルだったりする。これを現代に特有の「社会問題」だと取れる人は幸せな人だ。そうではない。これは古代から連綿と続いてきた、生の根源の問題なのだ。子どもたちはいつでも迷い子だ。それに対して、「大人」が手をさしのべる？　ちょっと待ってくれ、大人とは誰だ。（山岸涼子『天人唐草――自選作品集』〔文春文庫〕、文藝春秋、二〇一八年、二五四ページ）

『天人唐草』は、表題作「天人唐草」をはじめ、大人に翻弄されて自分の行き先を見失った子どもたちを主人公とする作品を収めている。中島がふれている「自殺マニュアル」とは、一九九三年にフリーライターの鶴見済が出版した『完全自殺マニュアル』（太田出版）を指す。当時の若者たちを中心に、ベストセラーになった。中島はこの「自殺マニュアル」の対極にあるもの、すなわち生き方を指示するものとして、人生論、ビジネス論、そして宗教を挙げている。

そして、中島がいう「迷い子」と宗教の関係は、本書でもたびたび取り上げてきたピーター・L・バーガーの「故郷喪失者」たちと宗教についての議論と重なる。すなわち、現代社会における宗教や宗教的なものとは、「故郷喪失者」や「迷い子」の要請に応じて現出したものなのである。

もっとも、それらはバーガーの言葉を借りるなら、「故郷喪失者」たちにとっての一時的な慰めでしかないかもしれない。また中島がいうように、一種の欺瞞なのかもしれない。ただ、誰にとっても「迷い子」であり続けることは耐え難いことであり、だから私たちは生きるよすがをどこかに求めようとする。生き方を指し示す「大人」がもはや存在せず、戻るべき「故郷」がすでに失われた社会に生まれてきたにもかかわらず、である。

だから、「占い／おまじない」は今後も、「迷い子」である私たちに寄り添って行き先を示したり、私たちを包み込む独自の世界を作り上げたりする手順を示すものとして、受け止められていくだろう。それに対して私は、一時的な慰めだとか、欺瞞だとかいう評価を下すことはできない。それよりも「占い／おまじない」とは、「迷い子」であるという事実を受け入れ、個人がその現実を生きていくための積極的な方法だという見方を取りたい。

そして、「占い／おまじない」をめぐる今日の動向は、本書でも明らかにしてきたように一九八〇年代から形成されてきたものである。この時期はまさに、戦後の歴史的経緯を経て学生運動の時代が過ぎ、若者が「大人」の不在に直面した時代だった。中島が「迷い子」と表現した少女たちが、「マイバースデイ」を通して「占い／おまじない」に関心を示すようになったのは、そうした時代背景においてだったのである。

ただし、一九八〇年代の「占い／おまじない」は現在よりも強固な世界観を作り上げるものであり、宗教的とも言える性質を帯びていた。「占い／おまじない」をめぐる誌面を通しての読者同士のつながりは、〝熱い〟とさえいえるほどのものだった。今日のネット媒体に比べればはるかにスピードが遅く、個人の要求に直接応えてくれるわけではない雑誌が、こうした世界を作る後押しをしたことも指摘しておきたい。

その後も「占い／おまじない」は、それぞれの時代の意識や価値観と結合しながら、少女たちにそのつど時代にあった指針を示してきた。言い換えれば少女たちは、既成の宗教に頼ることなしに、宗教的な世界観を自ら形成する方法として、「占い／おまじない」を選択してきたのだと言える。つまり、「占い／おまじない」は一九八〇年代から、「迷い子」の時代を生きることに対する少女たちの一つの答えだったのである。

しかし、現代日本社会における「迷い子」と宗教、宗教的なものとの関係をめぐっては、もう一つの現れ方にも留意しておかなくてはならない。それは、一九九五年にオウム真理教が地下鉄サリン事件を起こしたことである。

もともと私はオウム真理教に強い関心を持ち続け、博士論文「現代日本社会における宗教と暴力――「聖なるもの」と「私」の社会学的考察」（二〇一〇年）を書き上げた。博士論文では、オウム真理教における「暴力」は、混迷する現代社会に生きる者に対して、明確な輪郭を与える強固な世界観を提示する役割を担っていたという議論を展開した。正直なところ博士論文での議論が、オウム真理教の「暴力」を十分に解明したという自信はなく、さらなる究明もこれからの課題である。

いずれにせよ、今後も社会学の観点から現代社会における宗教のありようを考えるとき、オウム真理教が残した課題、すなわち、宗教ないしは宗教的なものがなぜあのような「暴力」を胚胎させ、さらに暴発させたのか、という難問と向き合うことを避けることはできない。なぜなら、現代日本社会における宗教や宗教的なものを検討するには、「宗教ブーム」という現象に言及せざるをえず、それは多かれ少なかれオウム真理教を生んだものと同じ基盤を共有しているからだ。加えて、前述のように、オウム真理教は強固な世界を作ることで「迷い子」の時代における答えの一つを指し示しているためでもある。

　本書でも、この問いに向き合い、現在で考えうる答えの一端を示したつもりである。だが、それもまた十分とは言えない。現代日本の宗教や宗教的なものと向き合うときには、常に同時代に生成されたオウム真理教と照らし合わせて、その「暴力」と何が同根なのか、また、どのように異なっているのかについて、そのつど誠実に答える必要があるだろう。それが、地下鉄サリン事件が起きた一九九五年以降、現代日本社会における宗教の研究に携わる研究者が、避けて通れない課題だと私は受け止めている。

　近年の「スピリチュアル市場」でも、「迷い子」の時代への一つの応答という側面を見いだせる。本書の最後でもふれたように、最近の「スピリチュアル市場」では、女性のライフサイクルのなかでも、特に妊娠・出産・子育てが重視される傾向にある。「母」と「スピリチュアル」なものとの結び付きは、特に二〇一一年の東日本大震災をきっかけに加速してきた。その背景には、自然災害だけでなく、目に見えない放射能からも子どもを守らなければならないという新たな状況が、母親たちの不安を膨らませた側面もある。もっとも、「母」と「スピリチュアル市場」の相性がよかったのは、東日本大震災以前からのことである。その相性のよさには、ニューエイジ運動の余波や、フェミニズムのなかでも特にエコロジカル・フェミニズム、その逆にフェミニズムに批判的な立場の思想などが複雑に影響を及ぼしている。これらをふまえて、「スピリチュアル市場」を検討する必要があるだろう。

　その際に注意しておきたいのは、「スピリチュアル市場」でも問題が生じていることである。例えば、「スピリチュアル」な出産体験や育児にこだわるあまり、母親たちが標準的な医療を子どもに受けさせないといったケースがネットを通じて問題視されている。また、「スピリチュアル」な高額商品や、「スピリチュアル」な資格を取得するためのスクーリングも疑問視されている。これらが、主に女性や母親たちを対象にしていることにも留意が必要だろう。

「スピリチュアル市場」の形成では、個人がネットを通じて情報をやりとりすることで、さらに個人化が進んでいる。そのため、自分が選択した「スピリチュアル」な商品や情報に、個人が没入して依存しやすい環境ができあがっていることが予測される。一九八〇年代、九〇年代に宗教教団がおこなった高額の商品を売りつける霊感商法や強引な勧誘、教団単位での社会からの離脱などが社会問題になったが、ここに示した最近の動向は、それとはまた異なる側面をもつ問題が特に女性を中心に生じていることを示すものと考えられるのである。

「スピリチュアル市場」では資本主義を前提としたうえで、情報や商品が金銭をともなってやりとりされている。その「スピリチュアル市場」の形成がもつ意味とはそもそも何なのだろうか。それは人々、特に女性に癒しを与え、救いをもたらすものなのだろうか。それとも、女性たちを欺いたり、社会から離反させたりするものなのだろうか。こうした問いに適切に答えるためにも、個々の「スピリチュアル」な事象の内実を正確に見極め、慎重に検討する必要がある。それが、引いては「故郷」なき、そして「大人」なき「迷い子」の時代を女性はどう生きているのかを、より深く探求することにもつながると考えている。

＊

本書は、著者にとって初めての単著である。学位号取得後、研究から遠ざかった時期を含めてポストドクター生活を長らく続けるなかで、多くの先生方に指導をいただいた。研究を辞めようかと考えていた私を、論文指導を通して励ましてくださった芳賀学先生、堀江宗正先生、片上平二郎先生にはあらためてお礼を申し上げたい。青弓社を紹介してくださった一柳廣孝先生、出版に向けて背中を押してくれた茂木謙之介先生、かつての読者として感想を寄せていただいた中西恭子先生、西洋占星術の専門家として示唆を与えてくださった鏡リュウジさん、第一稿に目を通してコメントをくれた杉井純一先生にも記してお礼を申し上げたい。多くの方に手を差し伸べていただいたことに、心から感謝を申し上げる。そして、大学院で社会学とは何かを徹底的に教えてくれた奥村隆先生に、あらためて謝意を表したい。

＊

学会や研究会で発表するなかでコメントを寄せていただいたみなさま、「マイバースデイ」関連のイベントのなかで、読者としていろいろな話を聞かせてくださったり、インタビューに応じていただいたみなさま、ありがとうございました。インタビュー内容については、本書で直接取り上げることはできませんでしたが、参考にいたしました。「マイバースデイ」の資料収集にご協力いただいた、国立国会図書館分館・国際子ども図書館のみなさまにも大変お世話になりました。

家族の支えがなければ、いままで研究生活を続けることはできなかっただろうと思います。私事ながら、家族の支えと励ましにも、この場を借りて感謝の気持ちを表明します。

最後に、本書を出すまでの長い道のりを伴走していただいた、青弓社の矢野未知生さんにもお礼を申し上げます。ありがとうございました。

[著者略歴]
橋迫瑞穂（はしさこ みずほ）
1979年、大分県生まれ
立教大学大学院社会学研究科社会学専攻博士課程後期課程修了
立教大学・大正大学非常勤講師
専攻は宗教社会学
論文に「現代日本社会における宗教と暴力――「聖なるもの」と「私」の社会学的考察」（立教大学博士論文、2010年）など

青弓社ライブラリー95
占《うらな》いをまとう少女《しょうじょ》たち
雑誌「マイバースデイ」とスピリチュアリティ

発行―――2019年2月26日　第1刷
定価―――1600円＋税
著者―――橋迫瑞穂
発行者――矢野恵二
発行所――株式会社青弓社
〒162-0801 東京都新宿区山吹町337
電話 03-3268-0381（代）
http://www.seikyusha.co.jp
印刷所――三松堂
製本所――三松堂

ISBN978-4-7872-3447-6　C0336